基督教文化研究丛书

主编 何光沪 高师宁

三编 第 2 册

论维护人性尊严
——教宗若望保禄二世的神学人类学研究

周兰兰 著

花木兰文化事业有限公司

国家图书馆出版品预行编目资料

论维护人性尊严——教宗若望保禄二世的神学人类学研究／
周兰兰 著 -- 初版 -- 新北市：花木兰文化事业有限公司，
2017〔民 106〕
目 2+160 面；19×26 公分
（基督教文化研究丛书　三编　第 2 册）
ISBN 978-986-485-127-0（精装）
1. 教宗若望保禄二世（John Paul II, Pope, 1920-2005）2. 神学
3. 宗教人类学
240.8　　　　　　　　　　　　　　　　　　　106013523

ISBN-978-986-485-127-0

9 789864 851270

基督教文化研究丛书
三编　第 二 册　　　　　ISBN：978-986-485-127-0

论维护人性尊严
——教宗若望保禄二世的神学人类学研究

作　　者 周兰兰
主　　编 何光沪 高师宁
执行主编 张　欣
企　　划 北京师范大学基督教文艺研究中心
总 编 辑 杜洁祥
副总编辑 杨嘉乐
编　　辑 许郁翎、王筑　美术编辑 陈逸婷
出　　版 花木兰文化事业有限公司
社　　长 高小娟
联络地址 台湾 235 新北市中和区中安街七二号十三楼
　　　　　电话：02-2923-1455 ／ 传真：02-2923-1452
网　　址 http://www.huamulan.tw 信箱 hml810518@gmail.com
印　　刷 普罗文化出版广告事业
初　　版 2017 年 9 月
全书字数 163355 字
定　　价 三编 6 册（精装）台币 11,000 元

论维护人性尊严
——教宗若望保禄二世的神学人类学研究

周兰兰 著

作者简介

周兰兰，女，内蒙古人，汉族，生于 1983 年 12 月。2011 年毕业于中国人民大学哲学院宗教学专业，获哲学博士学位，现供职于东北师范大学马克思主义学部，任宗教学讲师。主要研究方向为基督宗教伦理学、宗教学理论。主持国家社科基金青年项目一项和吉林省厅级项目两项，参与国家及省部级项目若干。曾在《基督教思想评论》，《中南大学学报》等发表学术论文十余篇。

提　　要

　　教宗在天主教界有着绝对的影响力，其神学思想、甚至一举一动都对整个天主教的发展乃至世界形势的变化有着巨大影响，因而对其神学思想的研究显得极为重要。若望保禄二世是梵二会议后最重要也是影响最大的一位教宗，他的神学人类学思想在天主教界影响深远。重视和维护人性尊严是其神学人类学的核心原则，因而本书以此为切入展开研究。

　　本书分为四个部分：第一部分指出托马斯主义哲学传统、现象学和人格主义思想是其思想渊源。第二部分通过对他前教宗时期主要著作的分析解读，揭示他的伦理观和哲学人类学思想，阐明这是其人性尊严理论的哲学基础。第三部分系统阐释若望保禄二世的人性尊严理论及其实践：指出在理论方面，其对人性尊严的阐述分为三个层次：一是从神学立场和哲学分析的角度阐明人何以具有尊严；二是结合人现实的生存处境论述该如何维护人性尊严；三是论述对特殊群体尊严的关注和维护。而在实践方面，若望保禄二世则通过世界范围的牧灵访问以宣扬维护人权，及通过发起宗教对话以倡议缔造和平。第四部分在天主教伦理神学的框架中分析和评价若望保禄二世的人性尊严思想，指出其既是对天主教社会训导传统的继承与发展，又将在天主教内乃至整个世界范围内产生重大影响。

"基督教文化研究丛书"总序

何光沪 高师宁

　　基督教产生两千年来，对西方文化以至世界文化产生了广泛深远的影响——包括政治、社会、家庭在内的人生所有方面，包括文学、史学、哲学在内的所有人文学科，包括人类学、社会学、经济学在内的所有社会科学，包括音乐、美术、建筑在内的所有艺术门类……最宽广意义上的"文化"的一切领域，概莫能外。

　　一般公认，从基督教成为国教或从加洛林文艺复兴开始，直到启蒙运动或工业革命为止，欧洲的文化是彻头彻尾、彻里彻外地基督教化的，所以它被称为"基督教文化"，正如中东、南亚和东亚的文化被分别称为"伊斯兰文化"、"印度教文化"和"儒教文化"一样——当然，这些说法细究之下也有问题，例如这些文化的兴衰期限、外来因素和内部多元性等等，或许需要重估。但是，现代学者更应注意到的是，欧洲之外所有人类的生活方式，即文化，都与基督教的传入和影响，发生了或多或少、或深或浅、或直接或间接，或片面或全面的关系或联系，甚至因它而或急或缓、或大或小、或表面或深刻地发生了转变或转型。

　　考虑到这些，现代学术的所谓"基督教文化"研究，就不会限于对"基督教化的"或"基督教性质的"文化的研究，而还要研究全世界各时期各种文化或文化形式与基督教的关系了。这当然是一个多姿多彩的、引人入胜的、万花筒似的研究领域。而且，它也必然需要多种多样的角度和多学科的方法。

　　在中国，远自唐初景教传入，便有了文辞古奥的"大秦景教流行中国碑颂并序"，以及值得研究的"敦煌景教文献"；元朝的"也里可温"问题，催生了民国初期陈垣等人的史学杰作；明末清初的耶稣会士与儒生的交往对话，带来了中西文化交流的丰硕成果；十九世纪初开始的新教传教和文化活动，更造成了中国社会、政治、文化、教育诸方面、全方位、至今不息的千古巨变……所有这些，为中国（和外国）学者进行上述意义的"基督教文化研究"提供了极其丰富、取之不竭的主题和材料。而这种研究，又必定会对中国在各方面的发展，提供重大的参考价值。

就中国大陆而言，这种研究自 1949 年基本中断，至 1980 年代开始复苏。也许因为积压愈久，爆发愈烈，封闭越久，兴致越高，所以到 1990 年代，以其学者在学术界所占比重之小，资源之匮乏、条件之艰难而言，这一研究的成长之快、成果之多、影响之大、领域之广，堪称奇迹。

然而，作为所谓条件艰难之一例，但却是关键的一例，即发表和出版不易的结果，大量的研究成果，经作者辛苦劳作完成之后，却被束之高阁，与读者不得相见。这是令作者抱恨终天、令读者扼腕叹息的事情，当然也是汉语学界以及中国和华语世界的巨大损失！再举一个意义不小的例子来说，由于出版限制而成果难见天日，一些博士研究生由于在答辩前无法满足学校要求出版的规定而毕业受阻，一些年轻教师由于同样原因而晋升无路，最后的结果是有关学术界因为这些新生力量的改行转业，后继乏人而蒙受损失！

因此，借着花木兰出版社甘为学术奉献的牺牲精神，我们现在推出这套采用多学科方法研究此一主题的"基督教文化研究丛书"，不但是要尽力把这个世界最大宗教对人类文化的巨大影响以及二者关联的方方面面呈现给读者，把中国学者在这些方面研究成果的参考价值贡献给读者，更是要尽力把世纪之交几十年中淹没无闻的学者著作，尤其是年轻世代的学者著作对汉语学术此一领域的贡献展现出来，让世人从这些被发掘出来的矿石之中，得以欣赏它们放射的多彩光辉！

2015 年 2 月 25 日
于香港道风山

目

次

前　言 ……………………………………………… 1

  0.1 论文题目解析 …………………………………… 1

    0.1.1 神学人类学 …………………………………… 1

    0.1.2 教宗若望保禄二世 …………………………… 2

    0.1.3 人性尊严 ………………………………………… 3

  0.2 论题研究意义 …………………………………… 3

  0.3 研究状况综述 …………………………………… 5

    0.3.1 国内研究状况综述 ……………………………… 5

    0.3.2 国外研究状况综述 ……………………………… 8

  0.4 文章结构安排 …………………………………… 13

  0.5 创新处与局限 …………………………………… 15

第 1 章　若望保禄二世的生平及思想渊源 ……… 17

  1.1 若望保禄二世的生平介绍 ……………………… 18

    1.1.1 前教宗时期的生平介绍 ………………………… 18

    1.1.2 教宗时期介绍 …………………………………… 22

  1.2 若望保禄二世的思想渊源 ……………………… 26

    1.2.1 托马斯主义哲学传统 …………………………… 27

    1.2.2 现象学 …………………………………………… 30

    1.2.3 人格主义思想 …………………………………… 32

第 2 章　若望保禄二世前教宗时期的神哲学积淀 … 35

  2.1 若望保禄二世前教宗时期的著作和思想脉络 … 35

    2.1.1 若望保禄二世神哲学思想的形成 ……… 36

    2.1.2 若望保禄二世神哲学思想的成熟 ……… 38

2.2 若望保禄二世前教宗时期的神哲学思想探析 ···· 42
 2.2.1 婚姻伦理思想 ················· 42
 2.2.2 哲学人类学思想 ··············· 55
2.3 小　结 ······················ 74

第 3 章　若望保禄二世的人性尊严理论及其实践 ··· 77
3.1 若望保禄二世的神学人类学概述 ·········· 77
3.2 若望保禄二世的人性尊严理论 ··········· 83
 3.2.1 若望保禄二世对人性尊严的阐释 ······· 83
 3.2.2 若望保禄二世论维护人性尊严 ········ 93
 3.2.3 若望保禄二世对个别社群尊严的关注 ··· 105
3.3 若望保禄二世人性尊严理论的实践 ········ 110
 3.3.1 周游世界以宣扬维护人权 ·········· 111
 3.3.2 发起宗教对话以缔造和平 ·········· 115

第 4 章　若望保禄二世人性尊严理论的神学阐释 · 123
4.1 圣经的启示是若望保禄二世人性尊严理论的
 神学基础 ····················· 124
4.2 社会训导传统是若望保禄二世人性尊严理论
 的思想源泉 ··················· 130
 4.2.1 天主教社会训导的源起及特质 ········ 130
 4.2.2 "人的尊严" 在教会社会训导传统中
  的发展 ···················· 134
 4.2.3 若望保禄二世人性尊严理论对社会训导
  传统的继承与发展 ·············· 140

结语　若望保禄二世人性尊严理论的影响 ········ 145
附录 1　若望保禄二世生平大事录 ············ 149
附录 2　若望保禄二世颁布的主要训导文件 ······· 151
参考文献 ·························· 153
致　谢 ··························· 159

前　言

0.1 论文题目解析

　　教宗在天主教界内有着绝对的影响力，教宗的神学思想、甚至一举一动都对整个天主教界的发展乃至世界形势的变化有着巨大的影响，因而对其神学思想的研究显得极为重要。本文选取天主教前任教宗若望保禄二世对于人性尊严的关注和维护作为切入点，试图以此探究教宗的神学人类学思想。就本文的选题而言，它包含着三个关键词：教宗若望保禄二世、人性尊严和神学人类学，理清这三个关键词对本文的写作极为重要。因此，我们首先对这三个关键词进行简要分析和阐述，以期明确本文的研究范围和核心论题。

0.1.1 神学人类学

　　神学人类学作为本文的研究范围，是指人类学与特定的宗教传统中的教义体系对话而产生的一门学科。基督宗教的神学人类学即是从基督教神学的角度来研究和探讨人类学，本文所要研究的就是基督宗教的神学人类学。这种神学人类学关注的是人类及其与神的关系，她指出人类是按照神的形象创造的，与其他物种比起来，人类具有与神之间特殊的并且性质不同的关系。而原罪则是这种和谐关系的破裂，原罪暗示着人类从本质上是反对神的。神学人类学同时也认为，人同神关系的恢复要通过耶稣基督的降生、死亡和复活。神学人类学可以为我们生活中面临的不同问题提供神学架构的解读。

　　简而言之，神学人类学从多个角度看待人神关系，探讨的是关于原罪、救赎、反叛神及跟从神等问题。在人们生活的任何一个方面都存在不确定和模棱两可，在基督教的神学人类学看来，人类生存的现状深深地被罪扰乱了，然而人类生存还有一个潜在的可能就是，人可以被呼召而得拯救。当我们在一个广义的范畴内提及人类经验的不同方面时，神学人类学关注的则不是人类生活中的与其他方面相区别的一个方面，而是整个的人类存在——"整个人类都是按照神的形象创造的"。本文选取的就是天主教的前任教宗若望保禄二世的神学人类学研究。

0.1.2 教宗若望保禄二世

教宗若望保禄二世是本文的研究对象，要研究他的思想，首先要从他的生平及思想渊源入手。若望保禄二世的生平常被如此概括：诗人、神父、哲学家、剧作家、教宗。教宗本名卡罗尔·华迪卡（Karol Wojtyla），1920 年 5 月 18 日出生在波兰，他年轻时不但热爱运动也喜欢戏剧。第二次世界大战开始时，他正在上大学，亲历了纳粹的残暴恶行后，他开始决志做一名神父。1954 到 1958 年间，他曾担任卢布林的天主教大学的伦理学教授。1964 年他成为克拉科夫（Cracow）的大主教，三年后升为红衣主教，1978 年当选为教宗，取名若望保禄二世。他是教会历史上 450 多年来第一位非意大利籍教宗，也是任期第三长的教宗。他的神学思想根源于他自己的个人经历，在他早年的教育和学院时期，"他的思想成型得益于许多哲学传统，包括托马斯主义，现象学和人格主义。"[1]

成为教宗以来，若望保禄二世始终关注和维护人及其尊严，将之作为自己的神圣使命。他所颁布的通谕、劝谕、牧函和文告等总是涉及这一主题，同时，他还通过周游世界进行牧灵访问和发起并参与宗教对话的方式实践自己的使命。若望保禄二世是梵二会议以后最重要也是影响最大的一位教宗，他的思想是梵二会议精神的发展和延伸，更是根植于天主教的神学传统尤其是社会训导的传统中的。因而在本文中，笔者将教宗若望保禄二世的思想置于他自己的人生经历和思想脉络中考察，同时，也将他的思想置于天主教的神学传统和教会的社会训导传统中进行分析和阐释。

---

1 Beabout et al, *Beyond Self-Interest — A Personalist Approach to Human Action*, Lexington Books, Lanham. Boulder. New York. Oxford, p. 44.

0.1.3　人性尊严

　　人性尊严是本文的核心论题。事实上，人性尊严在不同的领域都有不同的定义，在本文中，我们将集中从天主教神学的角度来阐释人性尊严，特别关注教宗若望保禄二世对人性尊严的思想。按照天主教神学的观点，每个人都是按照天主的肖像受造的，因而具有无限的尊严和独特价值，同时，每个人又都具有理智及自由意志，因而在本质上，每个人都拥有直接源于人性的权利和义务，这些权利和义务是具有普遍性、不可侵犯和不能转移的，因而教会坚持其有维护人性尊严及捍卫人权的责任。[2]教会对人性尊严的重视和维护在天主教的社会训导中得到了充分的表达，本文将着重分析教宗若望保禄二世对人性尊严的关注和维护，从他早年的成长和生活经历入手，强调他一直以来对人及其价值的关注，而在具体阐释他的人性尊严理论时，既通过他在所颁布的训导中对人性尊严的阐释和关注，也通过他本人的实践活动。在本文的最后，我们则将教宗若望保禄二世的人性尊严理论置于天主教的神学传统和教会的社会训导传统中进行分析和考量，指明圣经对人性尊严的启示是教宗人性尊严理论的神学基础，而社会训导传统则是教宗人性尊严理论的思想源泉，并分析教宗对社会训导传统的继承与发展。

0.2　论题研究意义

　　经过上述对论文题目的解析，我们可以明确，本文的研究对象是天主教前任教宗若望保禄二世，研究范围是他的神学人类学思想，而核心论题则是他对人性尊严的关注和维护。这种选题的安排无论对于教宗本人思想的研究还是对于天主教社会神学思想的研究，甚至对于整个人类发展的研究都有着深刻的理论意义和现实意义。

　　首先，选择人性尊严作为主要论题对于研究教宗本人的思想有提纲挈领的重要意义。我们知道，对于人的价值及尊严的关注和维护贯穿教宗若望保禄二世思想的整个发展过程：他早年的成长和生活经历为他重视人性尊严打下了一个牢固的基础，他幼时便屡遭丧亲之痛，这使他早早体会到了人生中不可避免的死亡、离别等痛苦，对第二次世界大战的经历，犹使他开始关注每个人的尊严并致力于维护人权；进入神职之后，他则是将对

2　参见《正义道中寻——天主教社会训导简易本》香港天主教正义和平委员会，2001年2月（修订版），第10页.

人的尊严的关注视作自身牧灵工作的基本要求，他在神职工作之余所从事的哲学和伦理学研究也都是为牧灵工作服务的，换言之，也都将关注人性尊严作为核心宗旨；被选为教宗以来，他更是通过自己的特殊身份和地位始终宣扬并实践着对人性尊严的重视和维护。因而，教宗若望保禄二世形成了自己一套独特的人性尊严理论，这套理论是他神学人类学思想的核心，更是他整个神哲学思想的宗旨。我们选择人性尊严作为研究教宗思想的核心论题和切入点，正是把握住了教宗思想的核心关注，从而对研究他的思想本身具有重要意义。

其次，选择人性尊严作为切入点对于理解天主教的社会神学思想有着融会贯通的重要价值。对人性尊严的关注不仅是教宗若望保禄二世神学思想的核心，更是天主教社会神学思想的基础原则。天主教的社会神学思想主要在教会的社会训导传统中表达出来，"对天主教的社会训导，我们历来有广义和狭义两种理解。从广义来看，天主教的社会训导包括了教会在整个历史上关于社会生活的所有观点和理论，而狭义的社会训导则指现当代教宗及主教们就我们时代的纷繁复杂的政治、经济和社会问题所颁布的一系列的文件。"[3]无论如何，教宗若望保禄二世关于人性尊严的训导都属于天主教社会训导的范畴，彰显着天主教社会神学对人的重视和关注。天主教的社会训导是复杂多变的，它既关系着发展变化的社会条件，又关系着教会对于天主在历史中作为及伦理准则的不断深入的理解。然而，由这些纷繁复杂的社会训导中又可以大致概括归纳出七个核心准则，即：尊重人及其尊严；重视家庭；保护私有权利；致力于公益；遵循辅助性原则；尊重工人及其劳动；寻求和平及关注穷人。天主教会强调人的生命是神圣的，历来重视人的尊严和价值，人性尊严处于社会的道德图景的核心地位。因此，教会对于人类生命的神圣性和人的内在尊严的信仰是天主教社会训导所有准则的基础。从这个意义上看，探讨和研究若望保禄二世的人性尊严理论既能帮助我们分析天主教社会训导的本质，使我们对天主教社会训导在当代的发展变化及其影响有一个清楚的认识，又能使我们对天主教的社会神学思想乃至整个天主教神学都有一个更为深刻的理解。这也是我选择人性尊严作为核心论题的主要原因及其意义所在。

3　See, Kenneth R. Himes, O.F.M, *Responses to 101questions on Catholic Social Teaching,* Paulist Press, New York/ Mahwah, N.J. p. 5.

最后，选择人性尊严作为核心关注对于全人类的发展都有深远宝贵的借鉴意义。天主教的社会神学传统历来重视人的价值和尊严，它坚持一种人类中心主义的神学进路，将人视作至高的创造者天主的肖像，并高举人的理性和自由意志，强调人由天主而获赐了管理大地、治理万物的能力，因而人具有神圣的尊严和价值。教宗若望保禄二世更是受到教会社会训导传统的深刻影响，他遵循梵二大公会议的教导，尤为重视人的主体性和行为，强调人是自身行为的主体，而行为也能揭示人，他甚至将人置于被造世界的极峰和中心。从某种意义而言，若望保禄二世乃至整个天主教社会神学重视人性尊严的观点和传统代表了人类社会发展的最终趋势，整个人类社会发展的目的无非就是为了促进和达至个人的完满发展。因而，天主教会抬高并重视人的价值和尊严、倡导并维护人之为人最为基本和宝贵的权利的所有努力和举措都为世俗社会关于人的观点、其他宗教传统对于人的看法乃至整个人类的发展提供了一些宝贵的借鉴。

0.3 研究状况综述

0.3.1 国内研究状况综述

目前，我国国内的天主教研究相较于基督新教的研究还是比较欠缺的，这其中有历史的和政治的因素，虽然近来天主教的研究在国内的各个高校和研究机构受到了相当程度的重视，但其因为起步晚，一时难有突破性的进展。国内的天主教研究多集中于中国天主教的研究，例如明清之际和民国时期的天主教研究等，对于当代的天主教官方神学，我国内地的学者没有给予相当的重视，更没有系统的研究成果。本文选取的题目：论维护人性尊严——教宗若望保禄二世的神学人类学研究，在国内即没有专门的研究，而一些相关的资料也很少。关于教宗的中文研究资料，笔者收集到的只有教宗本人所著的《教宗回忆录》，是教宗若望保禄二世就任教宗第二十五周年时受邀而写的。在该回忆录中，教宗主要分享了他开始担任主教工作以来得到的心灵启发。通过该书，我们能够深入到教宗内心，从而对他的心理发展有一个清晰的认识和把握。另外就是一些天主教相关的网站上有关于教宗若望保禄二世生平及思想的介绍，以及他所颁布的训导的中译版本，这些网站主要如梵蒂冈官方的中文网站以及中文天主教的门户网站——天主教在线。互联网上的这些中文资料对我们了解教宗若望保禄二世的成长经历和思想脉络以及他任教宗所发布的各项训导、参与的各项活动都有较为重要的参考价值。然而这些资料却仅限于就教宗个人以及他的某个训导文件进行介绍，没有任何教宗对人性尊严的思想的介绍或是关注。

对于天主教的社会神学，只有中国社科院的王美秀在其所著的《基督宗教的社会关怀》一书中就天主教的社会训导做了一些介绍性的研究。除此之外，笔者搜集的相关中文资料则是天主教内部的文件资料，有宗座正义和平委员会编纂的《教会社会训导汇编》，该汇编以完整而有系统的方式展示了教会的社会训导，涵盖了天主教社会训导的基本框架，同时为广大天主教徒及神职人员提供了一个伦理和牧灵工具。《教会社会训导汇编》（以下简称《汇编》）将人性尊严作为教会社会训导最核心的原则，并专门用一章的篇幅论述了人和人权问题。在阐释人性尊严时，《汇编》以人的被造、堕落和救赎为中心，引用教会的社会训导文献做了细致的阐释：强调人因为是按照天主的肖像造的，故而具有神圣不容侵犯的位格尊严；然而，人的始祖因为违背天主的命令而堕落，致使所有人的人性都受到损害，罪成为普遍的罪；人的罪性虽然具有普遍性，然而基督的救恩也具有普遍性，《汇编》指出，主耶稣基督因着救赎事件而消灭了罪恶和死亡，使得人与天主在他里面实现和好。接下来，《汇编》从个人的角度阐释了人何以能具有神圣的尊严，列举了人之为人的几个特性，即人的灵肉一体性、超越性及独特性、自由平等的特性以及人的社会性，强调人因为具有这些特性而能拥有并实现自身的尊严。最后，《汇编》专门阐述了人权，指明人权源自人的尊严，并分析了人权的价值以及权利与义务之间相辅相成的关系。《汇编》在天主教社会训导的传统内阐述人性的尊严，并引用了大量的社会训导文献进行论证，从而阐明了个人为本的原则是社会训导的根本原则。但是，《汇编》只是在天主教社会训导的范畴内探讨了人性尊严的问题，对教宗若望保禄二世关于人性尊严的观点没有专门的讨论，更遑论系统地阐明教宗的人性尊严理论了，它只是将若望保禄二世与其他教宗们共同置于教会社会训导的传统内，以阐述教会社会训导的核心原则和宗旨。因而《汇编》的论述只是为我们分析教宗若望保禄二世的人性尊严理论提供了教会社会训导的传统，帮助我们奠定了一个分析人性尊严的根本基调。

　　除了《汇编》，笔者还收集到了一些教内介绍性的材料，多是只涉及了人性尊严的某一方面内容，没有对人性尊严进行系统的论述，更没有专门而深入地对教宗若望保禄二世的人性尊严理论进行分析和阐释。这样的资料如香港天主教正义和平委员会编的《正义道中寻——天主教社会训导简易本》，该书中只是涉及了教宗若望保禄二世的几部通谕：《人类救主》通谕、《工作》通谕、《社会事务关怀》通谕和《百年》通谕。这几篇通谕中对人性尊严皆有不同程度的阐释和强调：《人类救主》通谕主要论述的就是救赎的奥迹和人的尊严，指出因着耶稣基督在十字架上完成的救赎使人恢复了尊严，并使人的生命再次充满意义。《工作》通谕中也提到了人类工作的尊严，指出人才是工作的主体，人类工作的尊严来自圣经关于"治理大地"，并让人达至"统治"大地的呼召，虽然工作必须辛勤劳苦，但这是一种有价值的努力，因为它给予人作为人的成就感，该通谕同时强调了工人的合法权利。《社会事务关怀》通谕的内容及主要思想是强调"教会作为人性的专家，该意识到自己的职责"，该通谕赋予发展一个新观念，指出"发展是和平的新名词"，认为如果对正义的要求不闻不问，就会招致暴力和战争，扩充军备是民族整体发展的主要敌人，当大家关注人的公益和所有人的精神及人性发展时，和平是可能的。教宗在《百年》通谕中强调，"基督化的人类学应为神学的一科，故此关怀人、对人及人在世上的行事方法有兴趣的教会社会训导，亦理应属于神学的范畴，尤其属于伦理神学的范畴。"[4]《天主教社会训导简易本》中虽然有针对性地对教宗的几部通谕中体现的关于人的尊严的思想进行了分析和阐释，但是却只是概括性地进行宏观介绍，只是星星点点地提及了教宗对人性尊严的重视，缺乏对教宗通谕的详细分析以及对教宗人性尊严理论的深入探讨。

　　另外，卡里耶神父所著的《重读天主教的社会训导》中也有一些对人性尊严的介绍。该书主要分两辑，第一辑主要介绍天主教社会训导的源起及现代意义，第二辑则解释教会主要的社会训导文件，其中也涉及到了香港天主教正义和平委员会编的《正义道中寻——天主教社会训导简易本》中介绍的教宗若望保禄二世的几篇通谕。值得指出的是，该书在第一辑中讨论"一种更丰富的人权理念"时，援引了教宗若望保禄二世 1988 年 10 月 11 日在斯特

4　参见《正义道中寻——天主教社会训导简易本》香港天主教正义和平委员会，2001 年 2 月（修订版），第 75-103 页.

拉斯堡向欧洲法庭和人权委员会致辞的一段话"……教会积极捍卫人权，因为她认为，人是天主所创造，耶稣基督所救赎的，捍卫人权就是在事实上尊重人性的尊严"[5]，指明教宗将捍卫人权视作维护人性尊严的实际举措之一。所以詹德隆神父在《基本伦理神学》中对教会的基本人权观点的阐述对本文的论述就比较重要了，该书中不只点明教会训导权对基本人权的重视，谈及教会主要通过"先知性地揭发"和"积极的宣告"来推行人权[6]，还指出圣经的启示、自然法以及人内心的转变与悔改是人权的理论基础。另外笔者所见的一本中文资料题名为《维护人性尊严——天主教生命伦理观》，该书虽然与本文的主标题相同，但内容却有很大差别。该书主要是研究天主教的生命伦理，着重论述的是人性尊严中关于人的生命及身体的伦理。该书从两性的婚姻的结合开始论述，到受孕及生命的诞生，再到人身体的死亡，论述了在这整个的生命历程中所应持守的伦理立场，这一立场当然是天主教尊重生命的立场。该书的论述力图提供给人们一个严谨的、与人性尊严相称的天主教的伦理评估，然而这种论述仅仅将范围局限在生命和身体伦理之内，难以让人对天主教关于人及其尊严的神学思想有一个全面的把握。

综上，这些与本文相关的中文资料在论及教宗若望保禄二世时，基本都对他关注和重视人性尊严有所提及，并且往往都将其主要思想和关注置于天主教社会训导的传统中，指出教宗对人性尊严的尊重和维护属于天主教社会训导的一部分。然而，这些资料多属于介绍性的资料，没有从教宗本人的思想脉络及神学关注入手来考察教宗的思想，因而不能全面系统地阐明教宗的神学思想，特别是他的人性尊严理论。

0.3.2 国外研究状况综述

国外对天主教的学术研究则是非常系统而繁多的，其中与教宗若望保禄二世相关的研究成果就多达上百本。笔者把这些看似繁复众多的资料大致归为著作类和研究类两大类，其中著作类是教宗本人的著作，而研究类就分为传记类和思想类两类研究。接下来笔者将针对不同类别的资料而选取最具权威性和代表性的，就国外对教宗若望保禄二世的研究状况进行一个简单的综述。

5　卡里耶，《重读天主教的社会训导》，光启出版社发行，1992 年，第 45 页.

6　参见詹德隆，《基本伦理神学》，辅大神学丛书之二十，光启出版社发行，1986 年，第 24 页.

（1）著作类资料

要研究若望保禄二世的思想，他的著作是极为关键的资料。由于本文研究的是他关于人性尊严的理论，在整理资料的过程中，笔者发现他对于这一理论的相关著作主要是他任教宗之前所写的两本书和他任教宗时期颁布的训导文件（通谕、劝谕、讲词、文告等），这些重要资料笔者也都基本收集全了。他的两本书分别为《行动的人》（The Acting Person）和《爱与责任》（Love and Responsibility）。《行动的人》一书强调人必须不断地认识和了解自己并且争取对自己的本性有一个更新的和更成熟的理解，华迪卡将这种对本性的理解视作一种对群体中的个人的强调和重视，以及一种对行动中的人的强调和重视，华迪卡直接将人视作行动的人。他对于人的分析是与近现代哲学的唯物主义和实证主义倾向完全相反的，自笛卡尔以来，人的知识以及人的整个世界都与认知紧密相连，华迪卡的这本《行动的人》正是对笛卡尔以来的关于人的观点的一种反转，他是在人的行动中刻画人。在《爱与责任》一书中，华迪卡主要依据他作为神父和主教的牧职经验，主要探讨的是婚姻生活和性道德领域内的天主教传统，他结合生物学、心理学及社会学等可以为两性关系提供有价值资讯的学科，指出应该将人作为一个整体来对待和研究。对于若望保禄二世任教宗时期颁布的主要的通谕可见《若望保禄二世的通谕》（The Encyclicals of John Paul II）一书，这是一本非常实用的工具书，该书收录了教宗上任以来颁布的所有的十四部通谕中的十二部，同时附上了编者的简介，对本文的写作来讲是非常关键的参考书。除此之外，笔者还通过互联网等收集到了若望保禄二世任期的几乎所有的文告、讲词等，这些也都是研究若望保禄二世思想的重要参考资料。

（2）研究类资料

笔者将收集到的研究教宗若望保禄二世思想的文章主要分为两类：传记类研究和思想类研究，并分别列举具有代表性的进行综述，以梳理国外对教宗若望保禄二世的相关研究。

首先，关于传记类研究。本文的研究对象是若望保禄二世的人性尊严理论，他对人性尊严的关注及系统阐述同他自身的生活及成长经历有着莫大的关系，因而对其传记的仔细研读是完成本文写作的重要一环。国外的研究资料中为教宗若望保禄二世做传记的有很多，这当然与他作为教宗的特殊身份有很大的关系。作为天主教的最高领袖，教宗被广大天主教徒视作基督的代表，他在广大信众中间有着神圣而伟大的形象，同时，教宗的成绩卓著，且活动能力很强，因而在天主教会内部甚至整个世界都有着巨大的影响力。由于这些因素的作用，通过为教宗若望保禄二世做传记而研究和纪念他的学者很多，其中最为全面而系统地展现教宗的整个生平经历的是他专门的传记记者乔治·威格尔（George Weigel）所著的《见证希望——教宗若望保禄二世的传记》（Witness to Hope—The Biography of Pope John Paul II）一书。威格尔本身是一位天主教神学家，他曾经陪伴教宗很长时间因而对教宗非常了解。他在为教宗做传记时将他定位为一个人、一位思想家以及一位宗教领袖，既从教宗早年的生活及成长经历探讨他所承受的苦难和逼迫，进而阐明他人格主义思想的形成，又从哲学和神学角度讨论若望保禄二世早年作为大学教授以及神父的思想和行为，指出这些思想和行为为他作为教宗的种种举措打下了坚实的神哲学基础。威格尔在书中特别论及了若望保禄二世作为教宗的巨大影响，他认为教宗不但在对待欧洲的极权主义运动中起到了非常大的作用，而且还积极地运用政治手腕维护世界的和平与稳定，并发起和参与与各大宗教领袖的对话交流。威格尔对教宗若望保禄二世给予了很高的评价，认为他为处理世界政治开辟了一条崭新的道路，可以称得上是一位创造历史的伟人。这部传记主要专注于对教宗的生平经历、各种活动及其影响的介绍和叙述，旨在向我们展示教宗一生的曲折经历和伟大事迹，对于教宗思想的论述只是其中的一小部分，因而不能从更深的层面揭示教宗的哲学和神学思想。

威格尔的传记是总览教宗若望保禄二世整个生平活动及思想的重要资料，而专门就教宗早年的哲学思想进行探讨的则是罗科·布蒂利奥内（Rocco Buttiglione）所著的《卡罗尔·华迪卡——那个成为教宗之人的思想》（Karol Wojtyla: The Thought of the Man Who Became Pope John Paul II）一书。罗科·布蒂利奥内早年担任意大利欧洲事务部长，现任罗马庇护五世大学的法学教授，他曾是教宗若望保禄二世最亲密的朋友之一，也是他的高级顾问之一。他与教宗有着共同的哲学兴趣，同时又深谙波兰语言和文化，因而他能够深入地理解教宗的思想，他的这本教宗传记系统地剖析了教宗思想形成的哲学架构，指出托马斯主义哲学传统、马克斯·舍勒的现象学以及康德的伦理学对教宗早期思想的形成有着很深的影响。同时，罗科还分析了教宗早期的两本代表性的著作，即《爱与责任》和《行动的人》，通过对两本著作的结构和核心思想的阐释，罗科向我们展示了教宗若望保禄二世早期对人的主体性和行为的重视，以及对人的价值和尊严的维护。此外，罗科还阐明了梵二会议对教宗思想的影响。然而，这本传记止于教宗的当选，因而没有涉及到若望保禄二世就任教宗之后的思想发展和神学坚持。即便如此，罗科的这本传记仍是对教宗早年思想的梳理和阐明，是帮助理解教宗早年哲学思想的标准范本。

除了上述两本最具代表性的传记之外还有很多关于教宗的传记类的资料，如《教宗若望保禄二世——卡罗尔·华迪卡的生活》(Pope John Paul II—The Life of Karol Wojtyla)，《卡罗尔的故事——人们所不知道的若望保禄二世的生活》(Stories of Karol—The Unknown Life of John Paul II)，以及《若望保禄二世的一年——对其著作和祷告的每日默想》(A Year with John Paul II—Daily Meditations from His Writings and Prayers)等等。这些传记大都从若望保禄二世的出生及早年生活、学习、做神父、做大学教授写起，到他成为教宗以后的生活，以简单生动的形式为我们展示了若望保禄二世的一生。其中记述了许多能反映若望保禄二世思想的故事，都是理解和把握若望保禄二世思想的重要参考文献。但是这些传记类资料对教宗思想的探讨都缺乏深度和广度，只能为专门而系统地研究教宗思想做一些基础的铺垫。

其次，关于思想类的研究。国外的研究资料中以对若望保禄二世思想的研究最为丰富，下面只选取对于本文的研究最有参考价值的关于其神学人类学思想的研究和哲学思想的研究资料做一个概要的梳理和综述。

对于研究教宗若望保禄二世的神学人类学的著作，比较有代表性的大致有：1、《维护人性尊严——教宗若望保禄二世与政治现实主义》(Defending Human Dignity—Pope John Paul II and Political Realism)，作者主要从政治的角度分析教宗的神学人类学思想，将教宗若望保禄二世对于国际政治的参与贯穿全书的论述，指出这位教宗是极少数的几位将哲学思想与全球行动结合起来的思想家之一，并认为教宗的这一做法将在本世纪对于国际政治的发展起到一个非常重要的指导作用。作者在书中多次提及马克斯·舍勒对教宗思想的影响，主要从哲学角度探讨了教宗对于人的主体性和行为的重视，从而引申至全球的政治现实主义和行动伦理。这种研究进路给人耳目一新的感觉，然而，书中过多地强调教宗的哲学思想，对教宗的神学思想涉及较少，这显然不能符合教宗的特殊身份所要求的神学立场。2、《人类戏剧的中心——教宗若望保禄二世的哲学人类学》(At the Center of the Human Drama—The Philosophical Anthropology of Pope John Paul II)，该书将教宗的思想分为三个重要的时期：卢布林劳动期间对于传统的回归，华沙学习期间哲学思想的成熟，任教宗期间发展的基督教的人类学，该书以这种方式理清了教宗思想发展的脉络。同时，该书也不断强调教宗的社会实践活动对其神学思想的成长和发展的作用，作者认为教宗一系列的行动最终的目的都是要引导人们认识一个中心，那就是上帝，上帝是人的一切伦理生活和信仰生活的核心。在本书中，作者通过教宗的生平经历来统摄教宗整个的思想脉络，这当然是一种非常常见而合情理的思想研究方法，然而却并没有抓住教宗神学人类学思想的核心，即对人性尊严的重视和维护，因而缺乏一个贯穿教宗整个思想的主要线索。3、《教宗若望保禄二世的伦理神学》(The Moral Theology of Pope John Paul II)，该书从教宗的神学假设和神学方法出发，将伦理神学的关注点定位在人的良心、人的行为和生活、婚姻、性以及家庭、教会的社会训导上。该书将教宗早期对人的哲学关注作为中心，强调人的行为及良心的重要性，虽然仍然没有涉及人性的尊严这一教宗思想的核心，但是仍然可以为我们提供一个对教宗伦理神学思想的较为全面而系统地分析。4、《卡罗尔·华迪卡——关于哲学的实践》(Karol wojtyla—Toward a philosophy of praxis)，这是一本研究教宗的人类学思想的著作，书中对教宗的人类学思想进行了细致的分析和解读。该书按照教宗思想的发展脉络分为六部分，从教宗对个体的人的行为的重视开始，到教宗强调个人对社会公益的作用，即关于参与的理论，以及教宗发展出的一套身体神学，最后到他对于基督宗教的人文主义思想及对人性的尊严和如何成为一个整全的个人的观点。该书对教宗的神学人类学的分析和阐释可谓全面而深入，从教宗早年的哲学人类学思想发展到教宗的神学人类学思想，将人的行为和主体性始终贯穿其中，这显然也是抓住了教宗思想的根本，然而这样的研究却仅限于理论上探讨教宗的思想，不能结合教宗的具体实践活动，从而也不能带来更多的现实影响。

　　上述的这些关于教宗的神学人类学研究的著作，其共同点是都指出了教宗对于个体的人的价值和尊严的重视，无论教宗早年致力于从哲学角度分析和阐明人何以为人的努力，还是任教宗之后他对于国际政治及经济等社会生活的参与和关注，教宗的核心关注都是人及其尊严。然而，这些著作却要么不能兼顾教宗早年的哲学积淀和后来的神学强调，要么不能结合教宗的思想理论和实践活动，因而不能将对人性尊严的重视和维护视作教宗整个思想的核心，难以全面深入地把握教宗的神学思想。

对于若望保禄二世哲学思想的研究主要有以下几本书：1、《卡罗尔·华迪卡的哲学遗产》（Karol Wojtyla's Philosophical Legacy），该书将教宗的思想分为三部分：托马斯主义、现象学和人格主义，这是卡罗尔·华迪卡的思想渊源；社会哲学，这是他的社会理想；形而上学问题，这部分主要是他的人类学思想。这三部分的整合可谓是对教宗的哲学思想做了一个简明扼要的概括，特别是着重分析了教宗早年的思想渊源，并以之作为他哲学人类学的基础。然而，本书也同样仅限于对教宗早年哲学思想的研究，并未涉及他就任教宗之后的思想，因而不能贯穿教宗的所有思想。2、《若望保禄二世的思想——其思想和行动的渊源》（The Mind of John Paul II—Origins of His Thought and Action），该书主要按照教宗的生平将其思想分为前教宗时期和教宗时期，强调前教宗时期华迪卡的思想及行动是其教宗时期思想和行动的基础。该书指出，在前教宗时期，华迪卡的思想跟他的教育及个人经历有重要关系，他早年在地下神学院学习，奠定了一个信仰的基础，父亲是安立甘宗的信徒又促使他对托马斯主义的兴趣和探究，在卢柏林天主教大学的收益以及作为主教身份参加梵二会议等等这些经历都是促成他思想形成的重要经历。在教宗时期，该书主要列出了他任教宗的几个主要坚持：维护人的尊严，坚持圣母玛利亚的教义，新型的基督教苦修主义，人的救赎和新人类的到来，社会训导等等。本书虽然强调教宗早年的各种经历对于其思想的重要作用，但却没有深入分析和阐明他早年的哲学思想，而对于教宗时期的分析也只是将教宗对人性尊严的重视和维护与其他的神学坚持并列起来，并未突出体现人性尊严在教宗思想中的核心地位。

0.4　文章结构安排

本文对教宗人性尊严理论的论述首先从若望保禄二世的生平和思想渊源入手，理清他的思想形成的脉络，并深入分析他早期的神哲学积淀，在这样的基础上详细阐述他的人性尊严理论和实践，并将其置于天主教神学传统和社会训导传统中进行分析考量，指明圣经的启示是他的人性尊严理论的神学基础，而教会社会训导传统则是他人性尊严理论的思想源泉。本文在具体的论述过程中主要分为四章，下面则简要介绍一下各章的结构安排和主要内容。

第一章，若望保禄二世的生平及思想渊源。在这一章中，笔者将教宗若望保禄二世的一生分为两个阶段，以他 1978 年当选教宗作为分水岭，他成为教宗之前的生活及成长经历是他人格塑造和思想形成的基础，而他就任教宗之后的一系列举措则既是他早期思想的延续，又彰显了他对人及其尊严的特别重视。接下来，笔者深入分析了若望保禄二世的思想渊源，指出他思想的形成除得益于他的成长经历及时代的发展外，还受到三大哲学传统的深刻影响，即托马斯主义哲学传统、现象学和人格主义思想。其中，托马斯主义哲学是他思想的根基，现象学是他主要的研究方法，而人格主义思想则是他的核心宗旨。在这三大哲学传统的影响下，若望保禄二世形成了自己的一套神哲学思想体系。

第二章，若望保禄二世前教宗时期的神哲学积淀。第二章紧承第一章的论述，分析了若望保禄二世的思想在三大哲学传统影响下的形成和主要内容。首先，笔者理清了若望保禄二世在担任教宗之前思想发展并逐渐成熟的脉络，指出两篇重要论文的完成代表了他神哲学思想的逐渐形成，而两本著作的出版则代表了他神哲学思想的成熟。其次，笔者通过细致深入地分析若望保禄二世早期的两部著作，即《爱与责任》和《行动的人》，来阐明若望保禄二世的神学和哲学积淀。其中，《爱与责任》一书主要表达了若望保禄二世早期的婚姻伦理思想，他站在天主教传统伦理观念的立场上，阐明人理性地进行自我决定并按照这种自我决定行动就是人的本性，而这也正是人具有尊严的基础之一。同时，他将人的婚姻伦理最终落脚到天主的爱和恩典中，从而将人与创造者天主联系起来，为发展人性尊严理论奠定了一定的基础。《行动的人》一书则主要代表了若望保禄二世的哲学人类学思想，他在该书中阐明的主题就是关于"人之为人"的基本思考，他通过对个体的人的分析以及对人与他人关系的阐明两个方面探讨了这一主题。按照他的观点，人之所以为人既要依靠其做自己行为的主体，借着意愿的自由抉择并通过自我决定从而在自身行为的超越与整合中成就自己，又要参与到群体中去，借着与他人一起存在和行动以促进自身的发展。华迪卡的这种对人的哲学阐释为他后来发展出的人性尊严理论奠定了坚实的基础。

第三章，若望保禄二世的人性尊严理论及其实践。这一章是本文的核心章节，在本章中，笔者着重分析了作为若望保禄二世神学人类学核心宗旨的人性尊严理论及其实践。教宗若望保禄二世对人性尊严理论的论述主要体现在他所颁布的诸多训导文件中，这些文件虽然针对不同的问题而阐发，涉及的领域也包括神学信仰、伦理学及社会学等等，但是其核心的宗旨和原则都是关注和维护人性尊严。教宗对人性尊严的阐释主要分为几个方面，即从神学立场和哲学分析的角度阐明人何以具有尊严，并结合人现实的生存处境论述该如何维护人性尊严，还特别提及了对特殊社群尊严的关注和维护。除了在理论层面阐述关于人性尊严的理论外，教宗还积极通过各种活动实践对人性尊严予以关注和维护。若望保禄二世是一位活动能力特别强的教宗，他游历全球进行牧灵访问以践行对人权及人性尊严的维护，他积极发起宗教对话，努力联合各大宗教共同缔造世界的和平。

第四章，若望保禄二世人性尊严理论的神学阐释。上述几章的论述已经对于教宗的人性尊严理论和实践有一个清晰而全面的阐明，既回顾教宗早年的经历和思想脉络，又通过教宗颁布的一系列训导和参与的众多活动总结了他对人性尊严的关注和维护。本章中，笔者把教宗的人性尊严理论置于天主教伦理神学的传统中进行分析和考量，指出教宗的人性尊严理论属于天主教伦理神学的范畴，因而圣经的启示是他人性尊严理论的神学基础，社会训导传统是他人性尊严理论的思想源泉。

0.5　创新处与局限

教宗作为天主教界最高权威的代表，是引领整个天主教神学发展的核心人物，因而也具有世界范围的影响力。国外对教宗的研究非常广泛而深入，然而国内学术界则由于种种原因而对天主教研究还相对匮乏，甚至对于教宗思想的研究基本还处于空白状态，本文的论述选取天主教前任教宗的神学思想作为研究对象，本身即具有一定的新意。同时，选取教宗思想的基本立足点和核心关注，即人性尊严作为论述的切入点，结合教宗关于人性尊严关注的实践，并将教宗个人的神学关注置于整个天主教会的神学关注的图景中，这种由一个核心点向外延展的研究进路也具有一定的创新性。此外，本人从教宗早年的神哲学积淀入手，并将对人及其价值的关注始终贯穿于教宗的思想，从而能从根本上把握教宗的神学关注。鉴于以上的种种，本文的研究无论从选题还是到论述的过程及所得的结论既是天主教神学思想研究的一个组成部分，同时也是对中国天主教神学研究的一次有益扩展。

本文的研究虽然有一定的创新之处，但是由于资料的原因及本人能力的限制还是有不少的局限性的。首先，如前所述，国外对于教宗的研究丰富而深入，笔者利用半年的时间在加拿大的维真学院收集到的相关资料就多达上百本，这其中当然还有很多的疏漏，即便单就收集到的资料而言，由于笔者时间和精力的限制，在论文写作的过程中也不可能完全把握，因而对教宗思想的研究必然会有所限制。其次，教宗早期的著作是由波兰文写成，而笔者不懂波兰文，在研讨教宗著作时只能参照相应的英译本，这也对笔者确切理解教宗思想带来些许的障碍。最后，由于本人学术功底和能力的限制，对教宗思想研究的深度和广度必然有所欠缺。

第1章 若望保禄二世的生平及思想渊源[1]

    教宗若望保禄二世全名卡罗尔·若瑟·华迪卡（Karol Jozef Wojtyla）[2]，1978 年当选为教宗，取名若望保禄二世（John Paul II）。他的生平常被如此概括：诗人、神父、哲学家、剧作家、教宗。他是教会历史上 450 多年来第一位非意大利籍教宗，他富有激情且平易近人，周游世界，能用 8 种语言交流。他曾批评中东、巴尔干及非洲的战争，反复呼吁各国领导人使用非暴力手段解决国际性冲突。在社会问题上，他坚持保守的立场，极力反对人工避孕、堕胎、授任女性神职及神父结婚。他是第一位拜访犹太教的教宗，他代表天主教徒对未能救助犹太人反抗纳粹迫害而道歉。

    作为教宗，若望保禄二世赢得了各界人士的广泛赞誉，巴刻教授（J. I. Packer）在为《若望保禄二世的宝贵遗产》一书做序言时曾经指出，"若望保禄，这位自宗教改革以来第一位非意大利籍教宗和有史以来的第一位波兰教宗，是一位十项全能型的天才：哲学家、神学家、学者、著作家、青年工作者、伦理学家、泛基督教主义者、平民主义者以及更多，他开创了一个作为教宗的新风尚。"[3]若望保禄二世是天主教梵二会议以后最重要也是影响最大的一位教宗，他的思想是梵二会议精神的发展和延伸。

---

1 注，本章的第一节已经整理发表于《中国天主教》（双月刊）总第 148 期，2010 年 12 月 15 日出版，发表题目为《回顾前教宗若望保禄二世的一生》.

2 参见天主教公教网的译名，http://www.cncatholic.org/dgjh/0712409117.html

3 Tim Perry, *The legacy of John Paul II,* An imprint of Inter Varsity Press, foreword by J. I. Packer.

同时，教宗也是继托马斯·阿奎那以来又一位人格和人性尊严的忠诚卫士。在他早年的教育和学院时期，"他的思想成型得益于许多的哲学传统，包括托马斯主义，现象学和人格主义。"[4]人格和人性尊严作为一个被持续关注的主题贯穿于他的整个思想脉络。在华迪卡被选为教宗后，他仍然继续关注这一主题，他所颁布的通谕、劝谕、文告和讲词等总是涉及这一主题。总之，他的神学人类学根源于他自己的个人经历，因此，对他的生平经历及他的思想渊源做一个细致的回顾对研究他的神学人类学思想就显得非常必要和关键。

1.1 若望保禄二世的生平介绍

若望保禄二世的一生可以分为两个阶段，以他1978年当选教宗作为分水岭。他成为教宗之前的生活、学习及工作等经历是他人格和思想形成的基础，而他作为教宗的一系列举措和活动则是他前教宗时期思想的延续和发展。本文接下来将分别对教宗生命中的这两个阶段进行分析，以期能理清教宗的生平，进而把握他思想形成的根基和脉络。

1.1.1 前教宗时期的生平介绍

华迪卡1920年5月18日出生在波兰的华度维斯（Wadowice）。他的父亲老卡罗尔·华迪卡（Karol Wojtyla）早年是一名职业军人，母亲爱美莉·卡高罗卡（Emilia Kaczorowska）在他九岁那年去世。华迪卡有个大他十四岁的医生哥哥名叫埃德蒙（Edmund），于华迪卡十二岁那年被一个病人传染死于猩红热。华迪卡和哥哥感情深笃，因此哥哥的去世带给他的打击比母亲去世还要大，但是他明白这一切都是"天主的旨意"。任教宗期间，保禄二世也自始至终将哥哥的听诊器珍藏在书桌的一个抽屉之中。[5]华迪卡从此和父亲相依为命，老华迪卡没有再婚，而是专心地抚养儿子。在华迪卡的记忆中，他并没有多少母亲对他宗教教育的印象，但他仍然认为母亲的贡献一定很大。他着重提及了父亲的影响，老华迪卡是一位虔诚的天主教徒，生活简朴而严谨，妻子过世之后，他更是过着一种每天祈祷的生活。教宗若望保禄二世在他的自传《礼物与奥迹》中指出，家庭为他提供了进入修院接受神职之前的初步

---

4 Beabout et al. *Beyond Self-Interest—A Personalist Approach to Human Action*, p. 44.
5 See, John Cornwell, *The Pontiff in Winter—Triumph and Conflict in the Reign of John Paul II,* Doubleday, 2004,   pp. 13-14.

准备，尤其是他的父亲对他影响巨大，他指出父亲是他的第一个修院，一所家庭修院。[6]幼时失去亲人的痛苦经历，使小华迪卡早早明白了死亡、受苦和离别是人生中不能避免的事情，他在早年为缅怀母亲创作的一首诗歌中强调了这点。[7]

　　1938 年，十八岁的华迪卡领受了坚振圣事。随后他结束了中学课程考入亚格罗尼卡大学（Jagellonian University）并和父亲一同迁往克拉科夫（Krakow）居住。上大学后他主修波兰语言和文学，据他自己后来的回忆，他提及了自己对文学的偏爱，认为语言的学习将他"引入了崭新的领域，使他认识语言本身的奥秘"，他指出："语言，在进入舞台艺术之前，已经在人类的神修体验中扮演重要的基本角色，最终，语言的奥秘将领我们回归天主本身那不可测的奥秘。"[8]他后来也认识到，语言和文学的训练为他以后学习哲学和神学打下了牢靠的基础。

　　中学开始，华迪卡就热爱戏剧表演，并且他的表演天赋被许多老师和同学看好。升上大学后，他加入了一个名为"三十八号演播室"的戏剧小组。若望保禄二世在回忆他的大学生活时说到："……我最爱的还是表演、登台演出，我常常想知道我究竟喜欢扮演什么角色。"[9]直到就任教宗，华迪卡一直没有间断戏剧的表演和创作。他先后创作了许多部戏剧，其中有一本三部曲戏剧，背景是波兰历史上几个关键性的时刻，他藉着圣经中的人物达味、约伯和耶肋米亚[10]之口，复颂一些圣经经文来讲述故事，借以揭发人性深处的叛逆与需要救赎。华迪卡最广为人知的一部戏剧是《珠宝店——对婚姻圣事的沉思》，该剧透过三对夫妻的关系深层次地阐述了爱情的真谛，探索爱情与婚姻的关系，指出拥有真爱的家庭对下一代的重要性。他的最后一部戏剧是《父性的放射——一个奥秘》。透过戏剧，华迪卡"开始相信，我们个人的宗

6　See, Pope John Paul II, *Gift and Mystery—on the Fiftieth Anniversary of My Priestly Ordination*, Doubleday, 1996, pp. 19-20.

7　诗歌的全文如下：*On your white tomb, Blossom the white flowers of life. Oh how many years have already vanished, Without you—how many years? On your white tomb, Closed now for years, Something seems to rise: Inescapable as death. On your white tomb, Mother, my lifeless love…*see, John Cornwell, *The Pontiff in Winter—Triumph and Conflict in the Reign of John Paul II*, p. 13.

8　Pope John Paul II, *Gift and Mystery—on the Fiftieth Anniversary of My Priestly Ordination*, p. 7.

9　若望保禄二世，《教宗回忆录》，吴龙麟译，台北市：启示出版，2008，第 114 页.

10　注，本文所参考的圣经均为天主教的思高本圣经.

教戏剧都是那个由居于宇宙中心舞台上的永恒的天主编写和导演的最终戏剧的一部分"[11]，而且最重要的，借着戏剧的语言和表演，他记录和表达了自己对信仰、对人生、对真理的认识和感悟。

1939 年 9 月 1 日，德国突袭波兰，第二次世界大战爆发。教宗在回忆那段岁月时写道："战争的爆发从根本上改变了我的生命进程。"[12]从那时起，波兰开始了德国占领时期，各大学关闭，华迪卡也被迫结束了大学课程。为了不被遣送到德国做苦工，他开始在索韦尔化工厂（Solvay chemical plant）所属的采石场当采石工。1941 年 2 月，华迪卡的父亲去世了，这对年仅二十一岁的华迪卡而言，无疑又是一个沉重的打击。也是从这个时期开始，华迪卡决定要从事神职。战争的悲剧使得他逐步地选择了圣召，他也更加清晰地认识到神职的意义和它在世界上的任务。正如教宗后来回忆所记："战争的爆发使我远离了学业和大学。在那期间我失去了父亲，他是我身边最后一位亲人，客观而言，所有这一切使得我越来越远离原先的计划；就某方面而言，我的人性有如被人从它所成长的土地上连根拔起。但这并不只是一个消极的过程，实际上，一道前所未有的光开始照亮我的良心：上主愿意我成为一名司铎。"[13]

因此，1942 年 10 月，华迪卡开始进入地下神学院学习，为将来从事神职做准备。在这期间他仍旧在索韦尔工厂劳动，这也让他体会到了劳动工作意味着什么，他非常了解底层劳动人民的生活环境、家庭、兴趣、人性价值和尊严，这段时间的劳动体验对他日后的牧灵工作意义深远。他一共接受了四年的神学训练，于 1946 年 11 月 1 日晋铎成为神父，之后即前往罗马求学。华迪卡在罗马的天神大学（Angelicum University）注册了两年的博士课程，于1948 年 7 月完成了名为《十字架若望的信仰》的神学博士学位论文，取得博士学位。教宗后来回忆说那段时间是他"努力学习罗马"的时期，他在总结那段时期的收获时，言简意赅地指出，"罗马为他早期的铎职生活增添了欧洲和普世的维度"[14]，使他更深刻地认识到铎职和牧灵职务、平信徒传教工作

---

11 John Cornwell, *The Pontiff in Winter—Triumph and Conflict in the Reign of John Paul II*, p. 17.

12 Pope John Paul II, *Gift and Mystery—on the Fiftieth Anniversary of My Priestly Ordination*, p. 8.

13 Pope John Paul II, *Gift and Mystery—on the Fiftieth Anniversary of My Priestly Ordination*, pp. 34-35.

14 Ibid., p. 60.

是息息相关的，加深了他对神职工作的意义和价值的理解。取得博士学位后，华迪卡从罗马返回波兰的克拉科夫，正式开始他的牧灵工作。他先在一个乡村的小堂区实习了一年，然后回到克拉科夫下属的一个堂区，在那里工作两年后，他受克拉科夫总主教的指派从事学术工作，以获取讲授伦理学和伦理神学的资格。他因此用了两年时间潜心学术研究，于 1953 年完成并通过了关于马克斯·舍勒的论文。凭借这篇论文，1956 年他申请到了卢柏林的天主教大学（Catholic University of Lublin）讲授伦理学的资格，直到 1964 年他被任命为克拉科夫的总主教。在这期间，他关于舍勒的就职论文出版，他的重要著作之一《爱与责任》（Love and Responsibility）的第一版也得以问世。1962 年和 1963 年，他以克拉科夫总教区神职代表的身份参加了天主教梵蒂冈第二届大公会议的第一期和第二期会议。[15]1964 年华迪卡就任克拉科夫的总主教后便以总主教的身份参加梵二会议的第三期会议，并且对第三期会议颁布的文件《喜乐与希望》宪章（Gaudium et Spes）的起草和拟定做出了重要贡献。[16]参加梵二会议的经历可以说完全改变了华迪卡的生命，世界范围内的天主教大公会议开阔了这位年轻宗教领袖的视野，使他认识到教会在世界中的地位和价值。华迪卡成为教宗之后回忆大公会议指出：“大公会议是一件令人赞叹的大事，对我则是个难忘的经验，我满载而归。”[17]从罗马返回波兰后，华迪卡写了一本介绍大公会议教导的书，名为《复兴的泉源：梵蒂冈第二次大公会议的落实》（Sources of Renewal: The Implementation of Vantican II）。1967 年华迪卡由教宗保禄六世亲自祝圣成为枢机主教。

华迪卡的生活方式与传统的主教、总主教或枢机主教都不同，他始终过着一种非常简朴的生活，即使是生活在庄严的主教行宫中。他从一开始就宣称，主教的寓所是向公众开放的，任何想见他的人都可以前来。他每天早上 5 点起床，7 点举行弥撒然后同所有的工作人员一起吃早饭，饭后他独自工作到 11 点，然后他开始接待访客，这项活动通常都要一直持续到下午很晚，他的最后一位客人将陪他吃午饭。下午他要接待更多的访客，这中间通常有一个简短的散步，晚饭后他还要一直工作到深夜，这就是华迪卡一天的工作和生

---

15 参见若望保禄二世，《教宗回忆录》，吴龙麟译，台北市：启示出版，2008，第 169 页.

16 参见 Lord Longford, *Pope John Paul II—An Authorized Biography,* Michael Joseph/ Rainbird, 1982, p. 70.

17 若望保禄二世，《教宗回忆录》，吴龙麟译，台北市：启示出版，2008，第 189 页.

活。[18]他工作起来不知疲倦，有的时候甚至一天要工作长达 20 个小时，他的这种生活方式在他任教宗时也一直保持着。成为主教以后，华迪卡也一直没有间断阅读。他精通八种语言，因此他总是阅读各种语言的书籍，但是他觉得听广播和看电视是浪费时间。他始终如一地热爱滑雪和划独木舟，无论在波兰还是在意大利，他都一直带着他的滑雪板和船桨。假日的时候他常和年轻人或是志同道合的朋友一起去露营。

成为枢机主教后，华迪卡的工作更多了，1967 年到 1977 年之间举行的五次主教会议中他参加了四次。同时他也没有间断他的学术研究，梵二会议之后，他就意图写一本关于人之本性的哲学著作，他试图运用一种现代现象学的视角去探寻和考察人，因此，1969 年他最重要的神哲学著作《行动的人》（*The Acting Person*）的波兰文版问世。也是在这十年期间，他以枢机主教的身份访问了罗马、比利时、法国、德意志民主共和国、美国和加拿大，同时出席了许多天主教内的重要活动，如参加了 1970 年庆祝教宗保禄六世晋牧 50 周年的庆典及 1974 年参加意大利举行的纪念圣托马斯·阿奎那逝世 700 周年的会议并发表论文等。1978 年 8 月 6 日，教宗保禄六世逝世，华迪卡出席了保禄六世的葬礼，随后参加教宗选举会议。8 月 26 日，新教宗被选举出来，取名若望保禄一世（John Paul I）。9 月 3 日，华迪卡参加了教宗若望保禄一世的就职典礼，之后他随另一位枢机主教及两名主教访问了德意志联邦共和国。9 月 28 日，教宗若望保禄一世去世，华迪卡参加了保禄一世的葬礼及随后的教宗选举会议，于 1978 年 10 月 16 日下午 5 点 15 分当选天主教会第 264 任教宗，为纪念仅仅当选一月有余即逝世的教宗若望保禄一世，他取名若望保禄二世。

1.1.2 教宗时期介绍

以五十八岁的年龄当选教宗的若望保禄二世是天主教会历史上自 1522 年以来首位非意大利籍的教宗，是继 1846 年庇护九世五十四岁当选教宗以来最年轻的教宗。同时，他也是天主教历史上任期第三长的教宗，从 1978 年 10 月 16 日到 2005 年 4 月 2 日，他的任期长达 26 年零 5 个月 17 天，仅次于首位教宗圣伯多禄和教宗庇护九世。[19]

---

18 See, Lord Longford, *Pope John Paul II—An Authorized Biography,* p. 74.

19 注：教会传统认为圣伯多禄任教会元首的时间最长，但具体的日期不详，庇护九世（Pope Pius Ⅸ）1846 年当选教宗，1878 年逝世，在任 31 年零 7 个月 17 天，是天主教历史上任期第二长的教宗.

教宗若望保禄二世在任期内共颁发了 14 份教宗通谕，15 份宗座劝谕，11 份宗座宪令，45 份宗座牧函以及上百份的各类文告和信函。在这些文件中，他论及了许多问题，例如关于圣餐礼仪的奥迹和敬拜，关于圣若瑟作为救主的看顾人，关于妇女的尊严和圣召，关于授予神职的限制，关于反对堕胎和安乐死，关于保持圣周日的礼仪等等，涉及了基督信仰、神学、伦理学等重要范畴。需要指出的是，有几份文件是教宗根据主教会议的建议而颁布的，分别为论及基督徒家庭在现代社会中作用的《家庭团体》劝谕，强调和好圣事的重要性的《论和好与忏悔》劝谕，论及平信徒的圣召和使命的《平信徒》劝谕，关于司铎培育的《我要给你们牧者》劝谕和讨论圣召与奉献的《奉献生活》劝谕。教宗在他的任期内所颁布的所有文件中，有几部具有重要的意义，它们分别是：1983 年颁布的依照梵二会议修订的《天主教会法典》，1985 年特别主教会议后发表的宗座劝谕，1990 年颁布的《东仪天主教会法典》，1992 年以宗座权力发布《天主教教理》及 1994 年发布的教宗为准备两千年圣年致全球信徒的文告。借着这些文件，教宗向世界阐述着自己的思想和主张，也是借着这些文件，教宗推进了整个天主教在现代社会的发展。

若望保禄二世是一位非常独特的教宗，他的活动力之人和牧灵旅行范围之广可以说是前无古人，他是一位游历世界的教宗。他在任期内共进行了意大利境内的牧民探访 146 次，意大利境外的牧民探访 104 次。此外，在罗马下属的 334 个教区中，作为主教的他共做了超过 700 次的牧民探访，共探访了其中的 317 个教区，足迹遍及了修道院、女修院、大学、神学院、医院、老人院、监狱和学校。他探访了世界上超过 100 个国家和地区，并且，自从 1979 年教宗首次重归故里波兰在下飞机时亲吻大地后，这一举动从此便成为他特有的向被访问国家致意的方式。他探访的总行程超过 70 万英里，这个距离相当于环绕地球 28 周或是地球与月球距离的 3 倍。通过这些游历和探访，保禄二世也成功地将与梵蒂冈建交的国家由 1978 年的 85 个扩大至 2005 年的 174 个，也是通过这些探访，他实践着自己的思想和主张，更是将天主教在世界上的影响不断扩大。

若望保禄二世任教宗以来共主持召开了 15 届主教会议，召集了 6 次枢机院会议，选立了 231 位枢机主教。举行宣福庆典 147 次，宣认了 1342 位真福，举行宣圣庆典 57 次，宣认了 482 位圣人。在他的任期内，他在每周三举行的超过 1160 次的常规接见会上共接见了超过 1760 万人次，另外，他还在其他的一些接见特殊团体及国家和地区领导人的接见会上共接见了 200 多万人次。而在罗马和全世界参加教宗礼拜仪式的人们更是数不胜数，特别是 2000 年千禧年时，约有 800 万人参加了教宗的礼拜仪式。

若望保禄二世在任期内也对宗座管理做出了一些重要的改革，并出台和实施了许多利于教会发展的举措。例如，他对宗座的经济模式进行改革，建立了一个特殊的经济事务辖区，并委派专人进行管理；他继续推行主教会议，使其规律性地一年召开两次，同时他还增加了区域性的主教会议，使各大洲的主教们能互相顾及他们共同的牧灵关怀。在他自己的主管教区内，他带领了一个教区主教会议，鼓励神职人员、其他宗教人士和平信徒为本教区的发展建言献策。为了推进对一些重要问题的研究，教宗实施了一系列特殊的举措。1981 年，他建立了宗座家庭委员会（Pontifical Council for the Family），来监督我们时代的婚姻家庭生活。1994 年，他建立了宗座社会科学学会（Pontifical Academy of Social Sciences），以期能学习和运用社会科学专家的知识。出于对青年的偏爱，教宗于 1984 年创立了普世青年节（World Youth Days），召叫全世界的天主教青年聚集在一起，庆祝生命并学习信仰。在任期内他共庆祝了 19 届普世青年节。教宗所有的这些举措都显明了他本人以及天主教会对真理的热爱和追求，以及他们要求与时俱进的努力。

教宗一生都在倡导维护世界和平、尊重人的尊严、建立爱的社会。自从上任以来，他致力于维护人权和各民族之间和平的努力就从没有间断过。他曾与多国领导人和不同宗教的领袖会晤，旨在促进地区及宗教间的和平与发展。他甫一上任就成功地调解了智利和阿根廷之间的领土之争。他反对战争，曾批评阿富汗战争及伊拉克战争。他关心血腥冲突不断的中东地区及贫穷落后的第三世界国家。可以说世界上任何一个角落发生战争或混乱，他不是亲身前去慰问探访，就是积极呼吁和平之道。他多次会见不同宗教的领袖，共同协商和平与发展。1986 年 10 月，他曾与 12 个不同宗教的领袖聚集在意大利的阿西西（Assisi）共同祈求人类和平。1994 年，他成为美国时代周刊的年度人物。教宗极其重视人，尊重和积极维护人的尊严。他颁发的文件、他的著作中都贯穿着他对人和人性尊严的尊重，作为一个虔诚的教徒，他对人的自由和尊严的阐发也深深地根植于他的信仰，"他反复地强调，人的自由和尊严只有在基督的救恩中才能得到完满的实现"[20]。同时，他又是一位宽容和饶恕的教宗。1981 年 5 月 13 日，他在圣伯多禄广场被土耳其极端分子袭击，身受重伤。两年之后的圣诞节前夕，他亲赴监狱探望凶手并表达了宽恕，展现出了真正的宗教情怀。

若望保禄二世在他的任期内缔造了许多个"第一"。1982 年 5 月 28 日，教宗访问英国，成为近 450 年[21]来首位访问英国的教宗。1986 年 4 月 13 日，他历史性地参观了罗马的犹太会堂，并称之是"一个非常特别的经验"，"一次纪念性的访问"。[22]1989 年 12 月 1 日，他与苏联总统戈尔巴乔夫会面，结束了梵蒂冈与苏联长达 70 年的敌对状态。1999 年 5 月 7 日，他访问罗马尼亚，成为 1054 年东西方教会分裂一千年来首位访问东正教国家的教宗。2000 年 3 月 12 日，他代表整个天主教会发布致歉声明，为天主教会过去犯下的众多罪行祈求宽恕，这些罪行包括对犹太人的歧视和迫害，十字军东征带来的破坏和灾难，宗教裁判所的血腥，向第三世界传教时对当地人民的侵害以及对女性地位和尊严的贬抑和侵害等。2001 年 5 月 4 日，他开始新千年重走圣徒保禄道路的朝圣之旅，探访了希腊、叙利亚和马耳他，成为 1291 年来首位到访希腊的教宗，同时，他还在叙利亚成为了 2000 年来第一位踏足清真寺的教宗。他也是首位通过互联网发布信息的教宗。

教宗在任期内共出版了 5 部有影响力的著作。1994 年，由教宗接受电视访问答记者问题编辑成的《跨越希望的门槛》（*Crossing the Threshold of the Hope*）出版，并成为许多国家的畅销书。1996 年，教宗为纪念自己领受神职 50 周年而创作了《礼物与奥迹》（*Gift and Mystery—on the Fiftieth Anniversary of My Priestly Ordination*）一书，回顾和分享了自己的圣召历程。

20　William J. La Uue, J.C.D., *The Chair of Saint Peter—A history of the Papacy*, Orbis Books, 1999, p. 288.

21　注，16 世纪时，英王亨利八世由于个人的离婚诉求未获罗马教廷批准而与罗马教宗发生激烈冲突，1534 年，亨利八世通过一系列的法令（包括至尊法（Supremacy Act），即宣告亨利八世为英格兰教会的元首，叛逆法（Treasons Act），即宣告否认亨利的至尊地位是叛教的行为，可以处以死刑）而与罗马教廷正式隔绝. 因而，至 1982 年，教宗若望保禄二世始成为近 450 年来首位访问英国的教宗. 参见阿利斯特·麦格拉思著，蔡锦图、陈佐人译，《宗教改革运动思潮》，中国社会科学出版社，2009 年，第 241-245 页.

22　参见若望保禄二世，《跨越希望的门槛》，新世纪丛书，1995 年，第 60 页.

1997 年出版了《身体神学》(*The Theology of the Body*)，该书是教宗于 1979 年至 1984 年间每周向婚姻中的夫妇们讲解爱情及两性关系的道理的汇编。还有在教宗的晚年出版的两本书，分别是 2004 年出版的《起来，让我们启程》(*Rise, Let Us Be on Our Way*)和和 2005 年出版的《回忆与认同》(*Memory and Identity*)。其中，在《起来，让我们启程》一书中，教宗通过回顾自己早年的经历来阐明他面临当今世界许多问题的思想和态度，以此呼吁人们要加强灵性生活。在《回忆与认同》中，教宗则以谈话的方式表达了他对许多现世问题，如关于罪恶、自由、种族主义、民主等问题的看法。

教宗晚年疾病缠身，还罹患了帕金森氏症。2005 年 4 月 1 日，他的健康状况急剧恶化，于 2005 年 4 月 2 日去世，享年 84 岁。得知教宗去世的消息后，数百万的天主教徒涌入梵蒂冈城及罗马周边地区，同时，在世界各地约有超过十亿的天主教徒表达他们的哀悼之情。梵蒂冈为已故教宗举行了隆重的葬礼，教宗最后安葬在罗马圣伯多禄大教堂下的地下墓室中。教宗的一生倍受欢迎的同时也饱受争议，对他的批评和指责主要集中于他过多地参与政治以及他在人工避孕、堕胎及安乐死等伦理问题上的保守态度。然而，无论教宗一生的功过是非如何评定，他独特的人格魅力、纯正的信仰、坚定的意志和广阔的胸襟依然使他成为一个值得敬仰和尊重的伟人。

1.2 若望保禄二世的思想渊源

若望保禄二世神哲学思想的形成得益于他的成长和学习经历，还受到他所经历的那个时代的特殊事件的深刻影响。如前所述，第二次世界大战给予了他对残酷现实的深刻体认和思考，而梵蒂冈第二届大公会议使他对教会和神职人员的使命和价值有了全新的认识和肯定。他与神学和哲学的最初接触是在地下神学院学习时，后来去罗马求学的经历使他得以有机会系统地学习神学和哲学，而在卢布林的天主教大学（Catholic University of Lublin）教授伦理学时，他已经系统地钻研学术并有所成就了。在若望保禄二世思想形成的整个过程中，他主要受到了三个哲学传统的深刻影响，即托马斯主义哲学传统、现象学和人格主义思想。在教宗与他的老朋友的一次谈话中，他指出自己的一生受到了两大哲学传统的启迪，即托马斯主义和马克斯·舍勒的思想，他说："圣托马斯提供给了我很多问题的答案，舍勒教会了我许多关于人性的知识和学术研究的方法。"[23]在他的回忆录中，他也曾说道，"我个人的哲学观是游移于两个极端之间：即亚里士多德系统的圣多玛斯士林哲学[24]和现象学。"[25]人格主义思想则是他一直以来的首要神学关注，人的尊严、人身体的本质及人的整合性和主体性构成了若望保禄二世人格主义的重要特征。

1.2.1 托马斯主义哲学传统

圣托马斯·阿奎那（1225-1274）被称为经院哲学的集大成者，他的思想在他去世后产生了巨大影响。1323 年，托马斯·阿奎那被宣布为圣徒，1879 年教宗良十三世（Leo XⅢ）将托马斯的哲学列为罗马天主教的官方哲学，他的影响达到了顶峰。有学者评论道："阿奎那之所以享有他在哲学史上的地位，主要不是因为他是一位神学—哲学家，而只是因为他是一个用极其清晰而严密的思考探讨了人类宗教生活的重要问题的哲学家。"[26]正是这样一位哲学家的神学和哲学体系深深地影响了若望保禄二世的神学人类学思考。

1942 年，华迪卡进入克拉科夫的地下神学院学习，在那里他与托马斯主义哲学有了第一次重要邂逅。华迪卡同他那个时代的所有神学生一样，都同亚里士多德-托马斯主义传统有着非常紧密的联系。但是那个时候，哲学成为了他当时学习中遇到的最大困难。他的指定教材之一是由利沃夫的卡奇米尔兹·韦斯（Rev.Kazimierz Weis of Lvov）所写的《形而上学》（*Metaphysics*），这是一本介绍二十世纪新经院哲学的枯燥而极其抽象的小册子。直到四十年后，成为教宗的华迪卡在回忆这本书在他的哲学启蒙上的重要性时说："坦率地讲，我发现自己遇到了一个障碍……我在这样的杂草丛中摸爬滚打了两个月后，我开始渐渐明白了，直到那时，我开始发现我赖以生存和体验的许多事物的深层原因……那时，对直觉和感觉的体认教会了我世界的存在需要

23 Jaroslaw Kupczak, O.P., *Destined for Liberty—The Human Person in the Philosophy of Karol Wojtyla/ John Paul II,* The Catholic University of American Press Washington, D.C., 2000, P.49, note 1.

24 即圣托马斯的经院哲学，引文中是台湾天主教的译法.

25 若望保禄二世，《教宗回忆录》，吴龙麟译，台北市：启示出版，2008，第 111 页.

26 D.J.奥康诺主编，洪汉鼎等译，《批评的西方哲学史》，东方出版社，2005 年，第 185 页.

一种确信。"[27]他认为这段学习经历是他一生的转捩点，研读神学使得一个全新的世界在他的面前展开。[28]这本哲学书也帮助他认识到现实世界是有意义的，是可以认识的，而这也正是托马斯主义哲学的重要特征之一。及至他在罗马学习时，他对托马斯阿奎那的《神学大全》非常感兴趣，开始系统地研读托马斯的神学。托马斯是一个实在论者，他认为现实世界是可以理解的，宇宙的结构和法则也是能被人类的理智认识和把握的。托马斯相信，宇宙的超自然方面和自然方面之间存在一种可理解的联系，人作为被造者是可以在一定程度上理解自己的创造者的。这种思想不论是在哲学方面还是在神学方面都是托马斯形而上学的根基，也是他关于人的概念的一个基本特征。[29]正是在托马斯·阿奎那的这一思想体系中，华迪卡确立了自己的形而上学立场，即实在论立场。

托马斯主义哲学传统对华迪卡产生重大影响的，除了形而上学立场外还有伦理学，尤其是对人的理解方面，当然，这也是华迪卡最为关注的问题。华迪卡在卢布林的天主教大学的同僚史德范·斯惟佐斯基（Stefan Swiezawski）[30]教授曾指出，虽然学院内的每个老师的学术背景及个性坚持都不同，但是大家在一些基本观点上达成了一致，他说："首先是实在论的形而上学立场，其次是哲学人类学的中心地位，再有就是理性的哲学进路，这些是我们从事哲学的主要原则，我们也因此成为卢布林的哲学院。"[31]他还指出，"对华迪卡而言，哲学思考就是探寻人类令人惊异的奥迹的一种方法。"[32]华迪卡将对人的理解和诠释作为他哲学的首要关注，因此他也尤为关注托马斯主义对人的理解。托马斯·阿奎那坚持基督教的基本观点，认为天主按照自己的形象创造了人，这也是托马斯在探寻人的本质时

---

27 Andre Frossard., *"Be Not Afraid!": Pope John Paul II Speaks Out on His Life, His Beliefs, and His Inspiring Vision for Humanity*, New York: St.Martin's Press, 1984, p. 17, 转引自 Jaroslaw Kupczak, O. P., *Destined for Liberty—The Human Person in the Philosophy of Karol Wojtyla/ John Paul II,* pp. 49-50.

28 参见若望保禄二世，《教宗回忆录》，第 115 页.

29 参见 D.J.奥康诺主编，洪汉鼎等译，《批评的西方哲学史》，第 186 页.

30 注，本文所用的译名参见若望保禄二世所著的《教宗回忆录》中的译法，见《教宗回忆录》，第 116 页.

31 Stefan Swiezawski, "Karol Wojtyla at the Catholic University of Lublin", see Andrew N. Woznicki edited, *Person and Community—Selected Essays/Karol Wojtyla*, translated by Theresa Sandok, OSM, Peter Long, 1993, p.XⅢ

32 Ibid.

所依靠的基本前提。托马斯认为，天主赐予了人类以理性，人类因此是理性的动物，也正因为有理性，人才能成为真正的人。同时，他将善和人类理性联系起来，认为符合于人的理性的就是善的，或者换言之，对于人来说是善的东西，则应该符合人的理性。托马斯强调应该将人类放置在一个宇宙论的框架中来理解，宇宙、世界和人类的起源和终结都应该按照天主创造的宏大图景理解，天主作为一切的创造者是人所追寻的终极目标，也是宇宙的最终目的，因此人类及其理智和自由最终都指向那个至高的天主。托马斯对人的理解引导华迪卡进行哲学人类学的思考，华迪卡接受了托马斯所发展的完全形而上学意义上的人，然而却更多地强调人的经验而不是人本身的存在属性。华迪卡指出托马斯主义关于人的理解的局限性，他说：“圣托马斯为我们提供了一个关于人客观存在和活动的完美解释，但是用他的观点却很难描述人那鲜活的经验。”[33]按照华迪卡的观点，“人的主体本身即被视为人的行动（person-act）”[34]，因此，人不应该被理解为“一个现成的实体，而应是一个必须实现自己的生物”。[35]当然，华迪卡仍然承认，托马斯主义哲学对人的理解是完全能与基督教神学对人的解释相一致的，并且神学的观点能彻底解释仅用理性之光探寻仍是深刻而不可理解的人类存在的神秘性。[36]

从托马斯主义哲学那里，华迪卡主要获得了实在论的形而上学立场以及对人类学的最初思考，这对他的神学人类学的形成至关重要。成为教宗之后，华迪卡一直倡导要建立一种能够证明人具有认识真理的能力、并且拥有能达到客观真理的知识的哲学，而教宗本人的神学人类学就在试图实践这种哲学。有学者曾评论他的人类学是“形而上学解释的和现象学描述的”[37]，可见现象学对他的人类学思想的重要影响，从现象学中，他发展出了一种对人的道德生活的丰富认知。

---

33 Andrew N. Woznicki edited, *Person and Community—Selected Essays/Karol Wojtyla*, p. 171.

34 Andrew N Woznicki, *A Christian Humanism, Karol Wojtyla's Existential Personalism*, Mariel Publications, New Britain , 1980, p. 17.

35 Ibid., p. 30.

36 See, Andrew N. Woznicki edited, *Person and Community—Selected Essays/Karol Wojtyla*, p. 175.

37 Andrew N Woznicki, *A Christian Humanism, Karol Wojtyla's Existential Personalism*, Mariel Publications, New Britain, Ct 06053, 1980. p. 59, see also, p. 28.

1.2.2 现象学

教宗的传记记者乔治·威格尔曾经评论指出："尽管现象学运动的分析性和专业术语是极其复杂的，但是理解这一运动的基本纲要却不是很难，如果有人想进入卡罗尔·华迪卡思想的核心则必须这么做。"[38]发端自胡塞尔的现象学传统同样是对教宗的人类学思想产生重大影响的哲学传统。从现象学中，华迪卡学习了很多关于人性和人的位格的不同于托马斯主义哲学的诠释和理解，同时，作为一种研究方法和进路，现象学也多方滋养了华迪卡的神学人类学思考。

华迪卡接触到现象学并受到它的巨大影响得益于两个人物，即艾弟德·史坦因（Edith Stein）和罗曼·英高登（Roman Ingarden）。艾弟德·史坦因是现象学大师胡塞尔的朋友，曾经担任过胡塞尔的高级助理。她生于波兰的一个犹太教家庭，皈信天主教后加入了加尔默罗圣衣会（Carmelite Order），成为一名修女。二战期间，她被关进纳粹的奥斯维辛集中营中，最后死在那里。若望保禄二世对艾弟德的思想非常感兴趣，他研读她的作品，尤其是《有限与无限的存在》，他高度赞扬这位修女不凡的一生，称赞她是一位热切追求真理的人，一位与世隔绝的修女，希特勒政权下的牺牲者，称她的一生是一个独一无二的"人的故事"。[39]艾弟德·史坦因的思想主旨是试图通过学习和运用现象学的研究方法来把握天主教的真理，正是这种尝试，激起了华迪卡对现象学的兴趣。然而，最终引导华迪卡转向现象学研究的决定性因素还是罗曼·英高登的影响。罗曼·英高登（1893-1970）是胡塞尔的学生，也是波兰的现象学之父。对英高登而言，现象学不只是一个现象的系统，而且是一种哲学的探究方法，这种方法可以应用到各个领域中，尤其可以与不同的哲学系统合作。英高登本人坚持一种基本的实在论立场，他同艾弟德·史坦因一样，都对人类学和伦理学很感兴趣，他们都倾向于将现象学的研究方法应用到伦理领域，而不是应用到形式的和认知的领域，即，他们主张应用现象学不是用来观察和理解一个现象的纯粹的形式，而主要是把握现象中所涉及的价值，当然，这也是马克斯·舍勒的基本进路。与罗曼·英高登的交流，使得华迪卡开始接触舍勒和现代哲学。

---

38 George Weigel, *Witness to Hope: The Biography of Pope John Paul II*, London: HarperCollins, 2001, p. 127.

39 参见若望保禄二世，《教宗回忆录》，第 112-113 页.

1953 年，华迪卡完成了取得卢布林的天主教大学授课资格的论文，即以马克斯·舍勒的《伦理学中的形式主义与质料的价值伦理学》一书作为主题，探讨舍勒伦理体系中的现象学类型对构建基督教伦理神学的贡献的论文。[40]通过这篇论文的写作，华迪卡开始对舍勒的思想有了深入地研究。马克斯·舍勒（Max Scheler）1874 年生于德国慕尼黑，早年曾在柏林大学、慕尼黑大学和耶拿大学攻读哲学、心理学、社会学和医学。1907 年任慕尼黑大学编外哲学讲师并参加慕尼黑现象学小组，很快便成为现象学领域的杰出学者。1928 年，舍勒因心脏病突发猝然离世。舍勒的思想博杂多方，在哲学、伦理学、神学、心理学、教育学和思想史领域都有所拓展。而其思想的最终确立就是在这本《伦理学中的形式主义与质料的价值伦理学》中。在这本书中，舍勒从批判康德的形式伦理学入手，延伸至对个体位格和群体位格论的现象学论证，最后落脚到一种共契主义的社会理论。舍勒因此确立了自己现象学人格主义的思想立场，而且在他的思想中，他尤其强调情感的重要性，他针对康德的形式先天论，提出了情感先天论，认为情感是个体生活及其伦理行为的基本质料。[41]在华迪卡的论文中，他指出，基督宗教的启示是不依赖于任何特定的哲学体系的，而一个天主教思想者的责任就是运用不同的哲学理论和语言来解释启示。因而他的论文就是试图检验舍勒的理论是否能用来解释基督教伦理。虽然华迪卡最终得出结论，认为舍勒的理论体系不足以构建基督宗教的伦理学，但是他也明确指出，现象学对于探究人类存在的真实性是非常有效的。舍勒对华迪卡最重要的影响就是，他加强了华迪卡对人格首要性的关注及其对人具有道德价值的确信。[42]至此，涉足现象学也帮助华迪卡一定程度上解决了托马斯主义哲学在描述人的鲜活经验上的局限性，华迪卡指出，"舍勒的现象学允许我们在个人经验的基础上发展出一种对托马斯主义关于人的本体论确证的反思。"[43]

除了对人格和人的道德价值的诠释和强调，现象学作为一种研究方法也充分滋养了华迪卡的学术研究。若望保禄二世在回忆他早年的学术研究时

40 参见若望保禄二世，《教宗回忆录》，第 116 页.

41 参见刘小枫选编，《舍勒选集》，上海三联书店，1999 年，编者导言，第 1-7 页.

42 See, Deborah Savage, *The Subjective Dimension of Human Work—The Conversion of the Acting Person According to Karol Wojtyla/John Paul II and Bernard Lonergan*, New York:Peter Lang, 2008, pp. 114-115.

43 Rocco Buttiglione, *Karol Wojtyla—The Thought of the Man Who Became Pope John Paul II*, William B. Eerdmans Publishing Company, Grand Raplds, Michigan/Cambridge, U.K., 1997, p. 82.

说："……我以前所接受的亚里士多德—托马斯思想的培育得到现象学方法的滋养，使我有能力在这个领域中，进行许多创造性的研究。"[44]华迪卡认为，现象学的研究方法对伦理学和人类学价值非凡，但是他也指出，现象学方法由于拒绝将形而上学作为一种合情理的解释方法因而不能够解释人类经验的全部内容，人类经验的全部内容只有通过实在论的本体论才能被正确地理解。因此，华迪卡指出，托马斯·阿奎那才是解释人类道德经验的大师。[45]华迪卡的学术研究方法就是在不断地对现象学和托马斯主义哲学进行运用、比较与调和的基础上逐渐成熟的。这尤其体现在他的两部主要著作中，即《爱与责任》和《行动的人》。在这两部著作中，华迪卡都是在托马斯主义的形而上学立场的光照下，运用现象学的研究方法来分析人的情感和经验。并且，正是通过《行动的人》一书，华迪卡投入了哲学的人格主义（Philosophical Personalism）这个当代潮流。[46]

1.2.3 人格主义思想

人格主义思想是西方的一个哲学流派，它总是以很多不同的形式存在，其中两个最著名的形式就是由博登·帕克尔·鲍恩（Borden Parker Bowne）发起的美国的人格主义思潮和以依曼努尔·穆尼埃（Emmanuel Mounier）为代表的法国人格主义学派。除此之外，仍然有许多流行的诸如现象学的人格主义思想，存在论的人格主义思想和天主教的人格主义思想等，尽管这些不同形式的人格主义之间差别很大，但是他们仍有许多的共同点，他们的立场总是重叠的。[47]对于人格主义的主要思想，《简明劳德里奇哲学百科全书》中有这样的解释："人格主义是认为只有人格（自我意识的行动者）和其状态以及特征是存在的，并且这种存在的现实体现在人格互相作用的社会中。典型地，一个人格主义者一般认为有限的人格的存在和连续性是依靠天主那个拥有智慧和意志的最高的人格。人格主义者们往往在形而上学上是观念论者，并且往往从自我意识的论据中推论和建构他们关于知识的理论。他们在伦理

---

44 Pope John Paul II, *Gift and Mystery—on the Fiftieth Anniversary of My Priestly Ordination*, pp. 93-94.

45 See, Jaroslaw Kupczak, O.P., *Destined for Liberty—The Human Person in the Philosophy of Karol Wojtyla/ John Paul II*, p. 62.

46 See, Pope John Paul II, *Gift and Mystery—on the Fiftieth Anniversary of My Priestly Ordination*, p. 94.

47 See, Jan Olof Bengtsson, *The Worldview of Personalism—Origins and Early Development*, Oxford Theological Monographs, 2006, Introduction, p. 1.

学领域倾向于非实用主义，并且将人的根本价值置于一个自由的、拥有自我意识的和道德的行动者中，而不是置于一种观念的状态中或于一种非人的物质中。典型而言，人格主义者们坚持，一个良善的天主是不会允许那些有内在价值的东西失去其存在性的，他们相信人格能免于死亡。"[48]由此，我们可以对人格主义思想的多种形式和它的基本观点有一个基本的了解。

华迪卡受到托马斯主义哲学思想的影响和现象学方法的启迪，进而发展出自己的一套人格主义理论。他的理论既根植于西方的人格主义思潮，同时又有自己的特色。华迪卡很早的时候就开始了对人的思考，可以说他个人的成长经历真正地推动了他人格主义思想的形成。儿时失去亲人的经历使他对于人生中的痛苦有了深刻的认识，而对第二次世界大战的经历使他开始关注每个人的人格尊严，并开始致力于维护人权。他对极权主义深恶痛绝，认为如果运用一种方法来反对极权主义，那么这种方法一定是一种关于人的哲学，这种哲学关乎每一个人作为人存在的尊严，无论他的种族、宗教信仰或是政治倾向如何。在他关于圣十架若望的信仰和关于马克斯·舍勒的伦理学体系中，人一直都是他的首要神学关注。在他调和托马斯主义哲学与现象学两种思想所作的《行动的人》一书中，他真正确立了自己的人格主义思想。

在华迪卡看来，人格主义的特征包括：坚持人格（persons）和非人格（nonpersons）之间的根本区别，肯定人格的尊严，关注人的主体性，将人看作其行动的主体并视之为目的而非手段，尤其关注人的社会属性。华迪卡人格主义思想的基本立场是与西方人格主义思潮的立场相一致的，只是他的人格主义思想因为他自身独特的经历而有了自己的特色。若望保禄二世在回顾他早年对人的关注时说，"'我从还是一个年轻神父时就学会了去爱人性的爱'，这是我神父生涯，在讲道台上以及在告解室里，也借着写作所专注的课题之一。如果您喜爱人性的爱，自然也会感觉强烈的需要，来运用所有的力量以促成'美好的爱'（fair love）。"[49]有学者将"美好的爱"（fair love）作为华迪卡关于人格主义所有教导的支撑，同时指出，这种人格主义是华迪卡其他所有教导的人类学基础。[50]按照华迪卡的观点，"人格主义既不是一种人

---

48 Edward Craig edited, *The Shorter Routledge Encyclopedia of Philosophy*, Routledge Taylor & Francis Group, 2005, pp. 789-790.

49 若望保禄二世，《跨越希望的门槛》，新世纪丛书，1995 年，第 72-73 页.

50 See, John F. Crosby, *Personalist Papers*, The Catholic University of America Press, 2004, p. 244.

的理论，也不是一种关于人的理论科学，它的意义是非常实际且具有伦理意义的：它是关于人格作为活动（activity）的主体和客体，并作为权力的主体的学说。……"[51]在华迪卡的人格主义思想中，他非常注意维护人的尊严和整体性，这种重视和强调也成为了教宗若望保禄二世神学人类学思想的核心。

人格主义思想作为若望保禄二世的首要神学关注，与其说它是教宗的思想渊源之一，毋宁说它是教宗思想发展的必然结果。正是华迪卡所经受的特殊社会历史事件、他独特的个人成长经历，以及托马斯主义哲学传统和现象学方法的滋养，最终引导他毫不迟疑地投入到人格主义思潮中，尊重和维护人性尊严因此成为了他神学人类学的宗旨和重心。

综上所述，若望保禄二世的思想受到了托马斯主义哲学的影响以及现象学方法的滋养，并最终投入到了人格主义思潮当中。在这三种哲学传统中，托马斯主义哲学是若望保禄二世思想的核心，他直接继承了托马斯实在论的形而上学立场，同时，他的人类学、伦理学等许多思想都根植于托马斯主义哲学。而现象学则是他主要的研究方法，他运用现象学的方法来分析人类的经验，克服了托马斯主义研究方法的不足。他努力地调和托马斯主义哲学和现象学，摄取二者中能为之所用的部分来构建自己的神学人类学体系。他始终关注人的位格和尊严，维护人性尊严成为了他神学人类学的核心宗旨。这就是对若望保禄二世思想体系的基本定位，然而在教宗自己看来，他一切的学术研究最终都是为他的牧灵工作服务的，他始终将自己定位为一个司铎，司铎的职责就是培育人，注重人的尊严和价值是对司铎的基本要求。教宗在《礼物与奥迹》中总结自己的学术研究时指出："……我的这些研究产生了丰硕的牧灵成果。在我的牧灵访问中，我经常会在与个人或信友团体的接触中发现，这些研究中的许多成熟的思考对我帮助甚大。我在人格主义的文化向度上所接受到的培育，使我对每一个人的独特人格有更深的体认。我认为这体认对每位司铎都是非常重要的。"[52]正是在这样一种个人定位的背景下，若望保禄二世发展出了一套完整的人性尊严理论，而他早年的神哲学积淀则是他关于人性尊严理论的基础。

---

51 Andrew N. Woznicki, edited, *Person and Community—Selected Essays/Karol Wojtyla*, p. 165.
52 Pope John Paul II, *Gift and Mystery—on the Fiftieth Anniversary of My Priestly Ordination*, Doubleday, 1996, p. 94.

第 2 章　若望保禄二世前教宗时期的神哲学积淀

　　如上文所述，若望保禄二世当选教宗之前有深厚的哲学造诣，他的思想形成得益于三大哲学传统的影响，即托马斯主义哲学、现象学和人格主义思想，在这三种哲学传统的影响下，他形成了自己的一套神哲学思想体系，并且这种神哲学积淀是他任教宗期间神哲学思想的基础和源泉。他的神哲学思想主要体现在他的两本代表作，也是他早年最重要的两本神哲学著作当中，即《爱与责任》（*Love and Responsibility*）和《行动的人》（*The Acting Person*）。着重分析这两本著作，可以帮助我们深入地探究若望保禄二世的早期思想，并能为分析他的核心思想打下一个坚实的基础。本章中我们将通过简要介绍若望保禄二世前教宗时期的主要著作和成果，来阐明他神哲学思想的形成，并着重分析他两部主要著作当中的神哲学思想，进而探析他前教宗时期的主要思想。

2.1 若望保禄二世前教宗时期的著作和思想脉络

　　1948 年，华迪卡在罗马取得博士学位，后回到波兰从事神职。三年后，他受到克拉科夫总主教的指派从事学术研究，经过几年的潜心研究和努力，他最终获得了在卢布林的天主教大学讲授伦理学的资格，直到 1964 年他被任命为克拉科夫的总主教，虽然离开了教席，但是他仍然坚持学术思考和创作。到 1978 年他就任教宗的这段时间他完成了前教宗时期主要学术著作的创作，即，两篇重要论文（《十字架若望的信仰》和《在马克斯·舍勒的体系上构建基督教伦理学的可能性评估》），两本著作（《爱与责任》和《行动的人》），一系列在卢布林的讲稿及直至就任教宗所写的文章。其中，两篇重要论文的完成代表了他神哲学思想的逐渐形成，而两本著作以及卢布林的讲稿和文章则代表了他神哲学思想的成熟形态。

2.1.1 若望保禄二世神哲学思想的形成

《十字架若望的信仰》是华迪卡在罗马的天神大学（Angelicum University）的结业论文。在这篇论文中，华迪卡试图探寻教义的信仰（dogmatic faith）和神秘体验的信仰（mystical faith）的关系。教义的信仰在托马斯·阿奎那的哲学体系中得到了最好表达，而神秘体验的信仰则正如圣十架若望在其著作中所表达的。在这本博士论文中，华迪卡试图调和两者的关系，他的主要目的就是试图用形而上学的语言来深入地研究信仰是什么。华迪卡分别列举了圣托马斯和圣十架若望对信仰的不同理解，他指出，"对圣托马斯而言，信仰是理智的一种美德，它不包含意志，这种理智赞成天主的自我启示。然而对圣十架若望而言，信仰是一种体验，在这体验中理智是模糊的，并且理智必须完全放弃其按照自然态的知识试图认识天主的努力，即，信仰是一个客体。"[1]圣十架若望认为，信仰是一种适合有限的人接近天主的方法，是能将人的灵魂与天主在爱中结合的方法。[2]华迪卡努力在托马斯主义的哲学范畴内诠释圣十架若望的思想，他论述到，无论是教义的信仰还是神秘体验的信仰都只是一个统一的经验（unified experience）的两个方面，他认为一个活生生的信仰必须包含人所具有的所有能力和美德。通过研究圣十架若望，华迪卡发现了托马斯主义传统中隐藏的一个方面，即，"一种表现人存在和信仰经验之动力的能力。"[3]

华迪卡在这篇论文中得出了三个重要结论：首先，人类不能如认识客体那样认识天主，人的自然理性所能达到的最深的认识也只是认识到天主是存在的，而不能理解天主是什么；其次，信仰不是提供一种对天主是什么的理智把握，而是提供了一种真实的与天主的人格相遇（personal encounter）的方

---

1 Wojtyla, *Faith According to St. John of the Cross*, trans, Jordan Aumann, Ignatius Press, 1981, p. 264.

2 See, Ibid., p. 237.

3 Deborah Savage, *The Subjective Dimension of Human Work—The Conversion of the Acting Person According to Karol Wojtyla/John Paul II and Bernard Lonergan*, p. 112.

式，然而这种方式在现世往往是隐晦的。在信仰的光照下，天主的非对象化能力（nonobjectivizability）被视为天主位格属性的一方面，也是他位格本质的一部分，天主正是通过这样一种位格进入到与我们的个人关系中；最后，按照最纯粹的形式来理解，与天主神秘体验中的人格相遇发生于情感缺失的状况。人们通常认为，所有的感情因素构成了人类的神秘体验，然而就本质而言，感情因素是与神秘体验完全无关的。[4]华迪卡将信仰理解为与天主的人格相遇，同时信仰也是参与天主生命的方式，并且这种相遇是人类经验的核心所在，每个人都被赋予了这种信仰的能力，因此，按照这种理解，他毫不迟疑地确信人性尊严这一事实。

这本博士论文是华迪卡的第一篇神学著作，虽然他的主要思想还处于形成阶段，但是通过对圣十架若望的研究，"华迪卡增强了其对基督教中人格特性确定性（personal character of Christian certainty）的确信。他的这种观点不是产生自一种完全综合的理论（omnicomprehensive theory），而是源于他对人心的洞察。"[5]

《在马克斯·舍勒的体系上构建基督教伦理学的可能性评估》是华迪卡的就职论文。1956 年，他凭借此文获得了卢布林的天主教大学的教授资格，在那里讲授伦理学，直到 1964 年他就任克拉科大的总主教。在上一章探寻若望保禄二世的思想渊源时，我们已经指出，华迪卡选择舍勒作为研究对象受到了艾弟德·史坦因（Edith Stein）和罗曼·英高登（Roman Ingarden）的影响，然而，这一选择的根本原因还是在于华迪卡自身。"他本人主要的哲学兴趣就是洞悉事物的本来面目（'things-as-they-are'），……对华迪卡而言，思考的目的就是要达到依靠事实衡量的事物的真相。"[6]华迪卡坚持认为，要获得关于事物应当如何的知识，只能通过深入地探寻事物的本来面目，他认为现象学或许可以为探寻事物的本来面目提供一种新的进路。

华迪卡在这篇就职论文中试图考察用马克斯·舍勒的现象学体系能否解释和构建基督教的伦理学，他系统分析了舍勒的体系对于价值和人的解释。华迪卡指出，按照舍勒的理解，价值本身是客观的，因而不能是主体性的产

4　See, Rocco Buttiglione, *Karol Wojtyla—The Thought of the Man Who Became Pope John Paul II*, p. 51.

5　Rocco Buttiglione, *Karol Wojtyla—The Thought of the Man Who Became Pope John Paul II*, p. 53.

6　Deborah Savage, *The Subjective Dimension of Human Work—The Conversion of the Acting Person According to Karol Wojtyla/John Paul II and Bernard Lonergan*, p. 114.

物。舍勒否定了人的良善是行为的目的，在他看来，道德价值从来都不是行为的目的，而只是在行动时得以显明。而人对于舍勒而言，不是能够认识价值的行为和评判的中心，而是价值得以显明的场所。即，在舍勒看来，人不能因为他们的行为具有一种积极的价值还是消极的价值而变得更善良或是更邪恶、更好或是更坏。实际上，在舍勒那里，对于价值的评判是与人的单个行为相关的，而不是关乎作为行为主体的整全人的，从根本上讲，这样的人是缺乏形而上学基础的，而这种缺陷正表明了舍勒的现象学是一种非理性主义体系。

通过分析，华迪卡最终得出结论，认为"由舍勒建立的伦理学体系根本不适合作为一种构建科学的基督教伦理的方法。"[7]他指出摒弃形而上学使得现象学面临双重限制：一方面，伦理基础需要更多本体论的深度，而现象学却不能满足这种要求；另一方面，现象学不能代替对存在的追问，对存在的追问只能在形而上学中才能实现。尽管如此，华迪卡仍指出，现象学可以作为一种分析伦理事实的方法，并且这种方法对研究基督教伦理大有助益。

华迪卡的两篇论文代表了他思想发展的阶段，从开始系统地研究神学到受到现象学方法的滋养，他的神哲学思想不断成熟。经过两篇重要论文的洗礼，华迪卡已经确立了神哲学研究的基本立场和方法，即托马斯主义的实在论立场以及现象学的研究方法。同时，华迪卡也坚定了对人及人性尊严的首要关注，他的人格主义思想最初就是在他的这两篇论文中发展起来的。两篇论文奠定了华迪卡神哲学思想的基础，而他前教宗时期神哲学思想的成熟形态则主要呈现在他的两本专著和在卢布林的讲稿及以后的文章中。

2.1.2 若望保禄二世神哲学思想的成熟

1958 至 1959 年间，华迪卡在卢布林的天主教大学做了一系列关于爱情与性的讲座，这些讲稿都是华迪卡根据自己做神父的牧职经验，对婚姻生活和性伦理进行的论述，主要目的是为了在婚姻伦理领域维护天主教的传统。讲座的内容于 1960 年编辑成册并以《爱与责任》为题出版。面对外界可能对天主教的神职人员讲授婚姻家庭伦理的质疑，华迪卡在《爱与责任》第一版的介绍中为自己辩护，他指出"个人经验在婚姻方面的匮乏不是神父和那些过

---

7 Wojtyla, *Max Scheler*, p. 232. See, Rocco Buttiglione, *Karol Wojtyla—The Thought of the Man Who Became Pope John Paul II*, p. 60.

圣洁生活的人论述婚姻家庭问题的障碍，因为他们拥有大量来自牧职生活的二手经验，尽管这些经验是二手的非直接的，但是同时也是非常广泛的。"[8]华迪卡认为，天主教的神职人员掌握的大量资料恰恰能够为婚姻伦理提供深刻的反思和广泛的综合。

《爱与责任》一书试图在人际交往的生活图景中审视性伦理，华迪卡在书中努力探寻人内在的神秘性，并对爱的本质有一个敏锐的把握和理解。他坚持认为生物学、心理学和社会学等科学可以为研究两性关系提供有价值的信息，但是要获得对两性关系的整全把握则必须将个人作为一个整体来研究。他在书中着重比较了人格主义和功利主义对婚姻及性关系的不同观点。他认为，人格主义将婚姻视作一种人际关系，在这种关系中，夫妻双方的福利和自我实现对彼此而言都是最为重要的。华迪卡指出，只有在这种框架内，婚姻的满全目的才能被很好的认识。而相反，按照功利主义的观点，夫妻双方只是各自的性伴侣，是仅供使用的工具，从彼此身上找不到任何自我实现和幸福的可能。华迪卡推崇人格主义的婚姻观，而批评功利主义的婚姻观，他同时批评了离婚、人工避孕、通奸以及婚前性行为等一系列扭曲的性关系，认为这些都是与关于两性的自我实现的人格主义观点不相容的。

全书共分为五部分，在第一部分中，华迪卡主要界定了全书将涉及的基本概念，如人、主体、客体以及人格主义和功利主义中对"爱"（love）和"使用"（to use 或 'using'）的不同理解等。第二部分中华迪卡着重分析了爱，分别从形而上学、心理学和伦理学角度对爱进行了细致的探讨，并得出结论：认为只有在道德判断中人才能完全认识爱的真理，爱不只是简单的性吸引，也不只是情感的奉献，爱中包含一种以人及其良善为主体的价值判断，即，爱只有建立在人负责任的决定上才能真正的稳固和富饶。在第三部分，华迪卡论及了人的美德，主要分析了贞洁、羞耻和自制三种涉及性伦理的行为。该书的最后两部分主要处理了对婚姻之爱的经验，以及这种婚姻之爱如何成为天主的神圣之爱的一部分。华迪卡认为，人类之爱就其本性而言是来自天主的，也只有天主才能赐给人完美的幸福。

《爱与责任》包含了华迪卡积极尝试构建一种能够综合本体论与现象学的伦理学的第一次努力。该书最突出的特点就是诉诸于理性和逻辑来检验人

---

8 Karol Wojtyla, *Love and Responsibility*, trans by H.T.Willetts, Ignatius Press, San Francisco, 1981, p. 15.

的普通经验，华迪卡在书中完全运用托马斯·阿奎那的哲学进路，虽然他最后得出的结论是与天主教会传统的训导相一致的，但是他在研究方法上的努力却保证了非基督徒也能按照自己的情况来思考他的论证。

1967年，华迪卡晋升为枢机主教，主教工作之余他继续学术研究和写作。正是在这个时期，华迪卡创作了他最为重要的哲学著作 *Osaba i Czyn,* 意为"人和行为"，该书1969年以波兰文出版。其后华迪卡参加了许多学术会议，包括在卢布林以及在西欧和北美召开的一些会议，华迪卡在 *Osaba i Czyn* 一书中的主题在会议上被热烈讨论。该书出版十年后，即1979年其英文版出版，题为《行动的人》(*The Acting Person*)。华迪卡就任教宗后所颁布的通谕的基本思想和主题多源自他的《行动的人》一书中，并且在此基础上都有所发展和延伸。

华迪卡在《行动的人》一书中采用的主要的研究进路是通过关注人的行为而对人的具体经验进行一个现象学的反思和考察，他的目标就是要通过现象学方法对行为经验的反思来描述人的行为。当然，这种描述的精确性不能与历史学研究的广博和纯逻辑分类的理论分析相比。华迪卡所关心的是关于人的形而上学，他试图发展出一个对于怎样才意味着作为一个人的整全的理解，严格讲来，这是一个形而上学问题。为了理解什么是人，华迪卡关注人的行为，而为了理解人的行为，他运用现象学的方法。然而，他并没有以对意识的描述来构建对人的解释，他知道人的行为必须由人来实施。

《行动的人》一书共分为四部分，第一部分主要探讨意识(consciousness)和效能(efficacy)，华迪卡在这里分析了意识的反身作用以及作为自己行为原因的基本经验，认为这种经验使得我们承认人不只是精神产生的场所，更确切地说，人是行为的主体。第二部分涉及到了人在行为中的超越(transcendence)。华迪卡通过分析人自我决定的框架，指出人是自己行为的动因，他认为人做出某个行动时不只简单地受到内在或外在条件的作用，而是能够遵照自己对真理的判断和选择而做出决定。第三部分主要处理了行为中人的整合(integration)。华迪卡指出，人行为中的节制不是通过压制身体和心灵的自然活动，而是通过指导这些活动，并将其在人的行为中整合起来。华迪卡认为，人不只通过超越身体和心灵而在其之外活动，同时也在行为中整合它们。他指出行为既不属于某人超常的精神能力，也不属于某人的心灵或身体的活动，而是属于那整合了这所有方面的人的整体。第四部分探讨了参与（participation）这一活动，即人与他人在行为中的互动。华迪卡认为，与超越和整合一样，参与也是人的基本维度之一。综上所述，该书的结构不是一个在每一部分都由前提得出结论的线性论证，"一个对该书结构恰当的比喻就是，它就像一只鹰盘旋于它的猎物，在每次经过猎物时，鹰都通过不断变换角度而获得更好的视角。"[9]华迪卡在书的最后一章并未得出一个确切的结论，他只是给读者留下了一个对人的行为的丰富描绘以及对什么才意味着作为一个人的完满解释。

毫无疑问，《行动的人》一书表明人是通过道德判断和相应的行为来建构自己的。在该书的作者序言中，华迪卡明确地将自己的这一研究完全归功于两大哲学系统，即"一方面是形而上学、人类学以及亚里士多德-托马斯主义传统，一方面是现象学，尤其是舍勒的解释……"[10]。在托马斯主义哲学和现象学传统的光照下，华迪卡的神哲学思想在《行动的人》一书中得到了成熟而系统完整的表达，正是《行动的人》一书奠定了教宗若望保禄二世神哲学思想的基础，该书可以称得上是一本哲学人类学著作，教宗的神学人类学思想是在此基础上的发展和延伸，教宗对人性尊严的阐明也出源于该书。

任伦理学教授期间，华迪卡一直没有间断自己在教区的职务和活动，因而他在给学生讲授伦理学时能够及时而直接地反映人们对具体伦理生活的质疑和困惑，而不是抽象乏味的纯理论探讨，华迪卡因此在学生中受到热烈欢迎和广泛好评。后来，华迪卡因就任克拉科夫的总主教而彻底离开卢布林天主教大学的教职，但是他始终没有放弃神哲学的思考和研究，到他就任教宗前，他又写作了一些论述伦理问题的文章。《人与社会》（Person and Community）一书中收录了华迪卡从 1956 年直到 1978 年的重要的学术讲稿以及论文，这些文章代表了华迪卡一直以来的神哲学关注以及他的伦理学思考。

华迪卡在卢布林天主教大学的许多讲演及后来的学术论文都是针对社会伦理的，所涉及的主题除了后来编辑出版的《爱与责任》中关于婚姻与性伦理之外，则多涉及到道德和伦理学的思考以及人格主义思想的分析，主要从天主教社会思想传统的角度探讨舍勒、康德以及圣托马斯的理论。在这些文章中，他批评康德对于形式义务（formal duty）的强调，也质疑舍勒对于感觉

---

9 Beabout et al. *Beyond Self-Interest—A Personalist Approach to Human Action*, Lexington Books, p. 50.

10 Karol Wojtyla, *The Acting Person*, translated from the Polish by Andrzej Potocki, D. Reidel Publishing Company, 1979, p. XIV.

和价值经验的推崇，他赞同阿奎那对于人的实体性的诠释，认为阿奎那的这种诠释为主张人性尊严提供了一个更为牢靠的基础，但是他也指出，阿奎那的体系缺少对人的经验的分析和强调，因而他用舍勒的现象学方法补充阿奎那的哲学体系。在社会伦理领域，华迪卡一直推崇人的尊严和团结，他反对极权主义对人尊严的压制，也抵制极端个人主义对人团结的破坏。

综上所述，华迪卡的学术著作代表了他思想形成与成熟的不同阶段，写作两篇重要论文的过程中，华迪卡的神哲学思想逐渐形成，而在他的学术专著中，他的神哲学思想才得到了集中而系统的表达。因而，要深入地探寻华迪卡前教宗时期的神哲学思想，则必然要细致地分析他的两本学术专著，本文接下来将着重考察华迪卡两本学术专著中的核心思想，剖析他的神学立场和哲学观点。

2.2　若望保禄二世前教宗时期的神哲学思想探析

通过上一节的分析，我们对若望保禄二世前教宗时期的著作情况和思想脉络已经有了一个比较清晰的把握。本节中我们将着重分析华迪卡的两本神哲学著作，探究其中主要的神学和哲学观点。华迪卡在这两本著作中主要阐明了自己在伦理神学，尤其是婚姻家庭伦理领域和哲学人类学领域的独特观点。他以理性分析的哲学进路，即坚持托马斯主义的实在论立场并运用舍勒的现象学研究方法，来探讨伦理学，他的首要关注就是人、人的行为以及人的尊严。在《爱与责任》一书中，华迪卡将人置于爱情及婚姻当中，通过关注人自身的行为和他人的行为来阐述这种亲密的人际关系，他在婚姻及家庭中高举爱的旗帜，并将这种人间之爱最后落脚到天主的神圣之爱。在《行动的人》一书中，华迪卡则主要从哲学思辨的角度来探讨什么是人，他通过探讨人与自身的关系、人与他人的关系以及人与群体的关系来分析人之为人，他强调人的行为和经验，认为这是决定人的主要因素。接下来，我们将分析华迪卡在这两本著作中所表达的主要思想，即婚姻伦理思想和哲学人类学思想，并提及一些学者对上述思想的回应和批评。

2.2.1　婚姻伦理思想

二十世纪三十年代，一场性革命在西方社会悄悄拉开帷幕，其倡导者们主张在性的问题上实行公开化，私事化和宽容化，他们在性文化和性实践上推崇快乐和自由，致力于"将整个世界从性的束缚和压抑中解放出来"。这场性革命虽不是一次有组织的、统一的社会运动，却波及了社会伦理的很多重要领域，它的主要内容包括女性性革命、生殖革命、婚姻革命、性的年龄革命、性的社会管理革命以及同性恋革命等等。这场性革命直接冲击了天主教传统的性与婚姻伦理，众所周知，伦理神学和信理神学是整个天主教神学的根本性组成部分，如若伦理神学的教导是错误的，那整个天主教的神学都将受到质疑。因而，天主教对这次性革命反应激烈，神职人员们纷纷起而维护天主教传统对婚姻与性的教导，华迪卡就是在种背景下发展出了自己的婚姻伦理神学。

华迪卡在他的婚姻伦理神学中主要阐述了人的本性、爱的真谛以及贞洁的美德，并分析了婚姻和人的圣召使命，通过这些分析和阐明，华迪卡指出，这场性革命从根本上而言就是与人的本性相悖的，他认为天主教传统的性伦理才是建基于关于人的真理之上的，才是通向真爱的道路。

1、人的本性

天主教的传统观点认为，人是由外在的身体和内在的精神组成的。华迪卡在论述人的本性时也坚持这种观点，并且，他遵循托马斯主义的观点认为人是理性的动物，理性的人要寻求知识，而且理性的人能够判断什么样的行为是好的。在华迪卡看来，虽然人与动物具有相同的感觉，但是人能运用感觉充实内在的精神生命，理性的人具有能通过反思做出选择和决定的能力，这种能力就是自由意志。华迪卡论证到，"人因为具有自由意志而是自己的主人"[11]，他坚持认为，人理性地进行自我决定（self-determination）并按照这种自我决定进行实践就是人的本性，他同时指出人的本性的一个特性就是不能传递、不可让与（alteri incommunicabilis），华迪卡接着论述道，"这种特性并非指人就是一个唯一而不能重复的实体，因为任何其他的实体，如动物、植物或无生命的石头也都是唯一而不可重复的。这种不可传递性是针对人的内在本质的，即人的自我决定及其自由意志的力量。*没有人能替代我。没有人能以他意志的行为代替我的。*"[12]显然，人的这种自由意志不能转嫁到他人身上，它是人的本性不可分割的一部分，也正因为具有自由意志，人才具有了尊严。华迪卡推崇康德关于"人是目的而非手段"的观点，他指出，在人

---

11 Karol Wojtyla, *Love and Responsibility*, trans by H.T.Willetts, Ignatius Press, San Francisco, 1981, p. 24.

12 Ibid., 注：其中斜体字原文即如此.

际交往中，各种把他人当作达到自身目的的工具的行为都是侵害人性尊严的，即使高如天主也没有将人当作他的工具。华迪卡坚持天主教的观点，在人际交往中强调爱的重要性，他指出每个人都有责任去爱他人。按照基督教的生活方式，每个人都应该遵从爱天主和爱邻人的诫命，都应该去爱人，而爱人正意味着人应该回归人的本性，尊重人的尊严。

华迪卡同时指出，性冲动（sexual urge）是人的本性的一部分。他认为性冲动驱使人们繁衍生殖，因而对人的物种延续至关重要。然而，人必须运用理性并依照道德规范管理自己的性冲动以使其与传生新人相适应。华迪卡认为，由性而获得的快乐不是坏的，而且在一定的背景下还是值得享受的。他按照传统的天主教观点，为性的道德意义或目的制定了一个清晰而严格的等级，他认为性行为的首要目的是指向传生人类的，其次是为了两个人共同的快乐，最后才是为了满足性欲。

2、爱的真谛

对于爱的理解和阐释是华迪卡婚姻伦理中的核心命题，也是华迪卡整个婚姻伦理神学的落脚点。"爱"这个词具有很多不同的意义，华迪卡在他的婚姻伦理学中将对"爱"的探讨限定于不同性别的两个人之间，即使这样，"爱"也仍然具有很多意义。华迪卡分别从形而上学、心理学和伦理学三个角度对爱进行了分析，他从形而上学立场阐明了什么是爱，从心理学角度论述了怎么去爱，最后从伦理学角度分析了应该怎样去爱。

华迪卡将爱限定在男女之间，认为爱是男女之间的一种相互关系，并且指出，"这种男女之爱是爱的一种特殊形式，在其中爱的所有要素都以一种独特的形式表现出来，"[13]因此，他称这种对男女之爱的基本分析是形而上学的分析。华迪卡认为，对爱的形而上学分析是心理学分析和伦理学分析的基础。并且，他指出，这三种分析对于彻底把握 "爱"这个词的多重含义都非常必要。在从形而上学立场阐明什么是爱时，华迪卡将这种男女之爱定义成是吸引（attraction）、欲望（desire）和友善（goodwill）三种要素的综合体，他对这三种要素分别进行了细致的分析和讨论。

首先，华迪卡指出，从最基本的层面而言，吸引某人意味着被某人认为是好的，反过来，被某人吸引则意味着发现并欣赏那个人的一些优点，包括

---

13 Karol Wojtyla, *Love and Responsibility*, p. 73.

美貌、美德、好的性格等等。总之，这种吸引包括感官的、思想的、意志的、情感的和欲望层面的吸引，而男女之间轻易地被吸引则是由于性冲动。华迪卡认为，正是因为性的驱动，我们才会对异性的生理和心理特性发生浓厚的兴趣，他将这些生理和心理特性称为人的"性价值"（sexual values）。[14]

华迪卡指出，人们通常在两个层面上易受到异性的吸引，即身体层面和情感层面。通常的意义而言，身体的吸引是与异性身体的性价值相关的，这种吸引本身不是坏的，因为性的冲动将我们引向人的身体。最初的性反应是要引导男女之间个人的交流，而不仅仅是身体的结合。华迪卡认为，身体的吸引是真爱的一个重要要素，它需要与爱的更高级方面整合，例如善意、友爱、美德或舍己的奉献等。除了身体感官的反应以外，情感的反应也是吸引的一个重要组成部分。华迪卡坚持认为，吸引是"影响意志的一种认知形式，然而，能影响意志正是因为它受到了意志的制约。"[15]因为人是一个整体的存在，吸引也同样包括情感的吸引。人的认知能力使其能够认识客观的美好事物，而人的意愿则选择那些他们想要的东西，因此，吸引的产生部分是由人性决定的，部分是受到影响我们发展的外部力量的作用，还有一部分则取决于我们早先做出的选择。总之，在华迪卡看来，有吸引的存在，就必然既有好的品质显现在我们所爱的人上，又有对存在于我们所爱的人身上的特殊品质的敏感觉察，这种觉察就是情感的反应。

关键的一点是，吸引由对一系列截然不同价值的反应组成，而这些价值都源于人，因此吸引的源头就是整个人。华迪卡认为，"吸引是爱的本质要素，并且在一定程度上就是爱，尽管爱不只是吸引"[16]。他强调指出，作为吸引的爱必须源于真实（truth），这种真实不仅包括人自身作为客体的真实性，也包括将人作为对象的认识的真实性。其中，人的真实性不只是限于部分的价值，而是人作为整体的价值的显现，这种整体的价值就是人性。而缺乏真实性的认识则会歪曲和篡改吸引，使得情感上的爱转化成恨。总之，华迪卡强调要将这两种真实整合起来，他指出，以男女之爱为基础的吸引必须不仅源自对有形身体的反应，同时也源自于对人的美的完整而深入的欣赏。[17]

---

14 See, Ibid., p. 74.

15 Karol Wojtyla, *Love and Responsibility*, p. 75.

16 Ibid., p.76.

17 See, Ibid., p. 80.

其次，欲望也是华迪卡的爱的定义中的一个方面。欲望与吸引一样，也属于爱的本质要素之一。华迪卡认为，由于人自身是一个有限的存在，是不能自足的存在，因而他需要其他的存在。而男女两性正好能互补，人的性冲动也部分地是想要借异性来补足自己。华迪卡指出，"这就是'爱的欲望'，它产生自一种需要，并且目的就是寻求一种它所缺乏的善，对于男人来说，这种善就是女人，而对于女人来说，这种善就是男人。"[18]但是，他也特别指出，这种爱的欲望与欲望本身，尤其是肉体的欲望是有着巨大差别的。爱的欲望不仅仅是欲望，它是因为自身的缘故而对特定的善的渴求，"我需要你，因为你对我而言是好的。"而肉体的欲望则带有一种功利主义的态度，"我需要你来满足我的性饥渴"，指追求肉体的满足，将对方作为满足自身肉体需要的工具。华迪卡指出，爱的欲望是与对善的渴求紧密相连的，真正的爱的欲望绝不会变成功利主义的索求，它是源自于个人主义原则（personalistic principle）的。[19]

最后，关于善意（goodwill），华迪卡指出，善意是对于所爱之人真正善的渴求，任何爱的关系都将朝着这个方向发展。他认为男女之间的爱如果仅是停留在欲望的阶段则是不完满的，因为欲望不是爱的本质。只是因为自身的原因而渴望另一个人对自己的益处是不够的，人必须要寻求他人的美善。爱本身必须是充满善意的，否则它就是不真诚的，就不是真正的爱情，而只是利己主义。就爱的本质而言，欲望和善意是不协调的，但是它们却紧密地联系在一起。如果人需要他人对自己的益处，那么他必须确定那个人本身是一个真正的善。美善是不自私的爱，就如那种无私的爱一样，不是如欲望的那种"我渴求你，因为你于我有益"，而是"我希望你过得好"，"我渴求那些能于你有益的事物"，这种善意没有别有用心的动机，没有个人得失的考虑。[20]因而，在华迪卡看来，这种善意才是爱的最纯粹的形式。男女之间的爱不能停留在欲望的爱那里，一定要不断地趋向这种绝对的善意。

华迪卡最终从形而上学角度将爱界定为是吸引、欲望和善意的密切的综合和共存。这爱既有"我了解你的美好，并且选择亲近这种美好"，也有"我需要你，因为你于我有益"，更有"我想要做对你有益的事"。同时，华迪卡在对爱的论述中借鉴了亚里士多德对友爱的态度，亚里士多德将友爱划分

---

18 Karol Wojtyla, *Love and Responsibility*, p. 81.
19 See, Karol Wojtyla, *Love and Responsibility*, p. 82.
20 See, Ibid., p. 83.

为三类：为了有用而爱朋友；为了快乐而爱朋友；为了朋友自身而希望朋友为善。亚里士多德认为，前两种的友爱都不是为了朋友自身而友爱，而是为了有用和快乐。在那样的友爱中，一个朋友被爱，不是因为他是个朋友，而是因为他能提供好处或快乐，亚里士多德称这样的爱为偶性上的爱，是难于长久维持的，而只有那些为了朋友自身而不是出于偶性的爱才最是友爱。[21]华迪卡受到亚里士多德对友爱的理解的启迪，强调相爱的两个人要有共同的目标和追求，并且强调爱的相互性，认为只有这样，爱情才能长久稳固。

在从形而上学角度分析了什么是爱之后，华迪卡开始从心理学层面对如何去爱进行探讨。他先分析并区分了人的感官印象（sense impression）和情绪（emotions），指出感官印象是对客体的内容的反应，而情绪则是对客体的价值判断[22]，而只有价值的衡量才是产生爱的必要条件。华迪卡认为，如果说爱是由印象产生的，那这印象也一定是伴随着情绪的，因为只有情绪才能使得男女双方产生互相的价值评判，才能产生爱慕之情。因而，在华迪卡那里，爱情总是与价值判断相关的，而价值的判断只能产生自情绪，这也是他对爱情进行心理学分析的基础。在这一部分的探讨中，他着重分析了作为爱情"原料"（raw material）的感官享受（sensuality）和情感追求（sentiment），阐明了如何将二者整合成爱，并指出男女两性要在感官和情感方面谨慎辨别，以发展真爱。

感官享受是指对人身体的性价值的生理反应以及将某个人作为"潜在的享乐对象"的心理反应。在华迪卡看来，我们认识某个人大体要经过这样的阶段：首先，我们除了运用外部的感官感知某个人之外，还要运用内在的感觉，例如记忆或想象力来认识某人；之后，经过了我们外在和内在感官的过滤和影响，在我们的心里形成了对那个人的影像；这样，在我的思想里很快地形成了对我所感知的那个人的情感反应，当然，我也可能形成了对那个人的自发的身体反应。华迪卡指出，在这些反应中，身体反应的发生远比经过深思熟虑的理智的反应要快得多，这种快速的身体反应就是感官享受。这种感官享受带有一种"消费者的倾向"，因为它首要而直接地指向人的身体。同时，华迪卡认为，这种感官享受可能会阻碍我们客观地认识他人，促使我

21　参见亚里士多德，《尼各马科伦理学》，苗力田译，中国人民大学出版社，2003 年，第 166-168 页.

22　See, Karol Wojtyla, *Love and Responsibility*, p. 103.

们仅仅去估价某人身体的价值，而忽略将其作为一个既包含身体又包含精神的整体的人的价值。然而，华迪卡也强调，这种感官享受是一种无意识的反应，因而它不是"一种恶的行为，而只是一种自然反应"。[23]

就人的本性而言，人不能被当做工具。身体是构成整体的人所必需的一部分，因而身体的价值以及由身体而展现出来的性价值都是建基于人的价值上的，那些试图将人的身体和性作为潜在的享乐对象的耽于声色的反应将会贬损人的价值。[24]因而，华迪卡认为，尽管感官享受作为真正的夫妻之爱的原料之一，其本身不是恶的，但是因为它忽视整体的人而仅指向人身体的性价值，因此它是盲目的、"易变的，哪里有性价值、有潜在的享乐对象它就会转向哪里。"[25]这种感官享受不是真正的爱，它必须与爱的另一个要素，即情感追求相结合。真爱要尊重整体的人而不仅仅看重人的身体，同时，真爱也将通过对整体人的尊重使得注重身体的感官享受变得崇高。

华迪卡认为，感官印象常常伴随着一种情感的反应，当这种情感的对象基于身体的性价值时，这种情感本身就表现为感官追求，然而，作为情感对象的性价值并不必然与身体本身作为"潜在的享乐对象"相联系，它可能也与作为异性的整体的人相联系。在这种情况下，女人情感的对象往往就是"男性气概"（masculinity）的价值，而男人的情感对象则是"女性特质"（femininity）的价值。前者首先关注的是力量，后者则侧重于魅力，但它们都与作为异性的整体的人相关，而不仅仅关乎人的身体。[26]这种基于作为异性的整体的人的性价值，即女性魅力或男性气概的情感反应就是情感追求。与感官享受不同，情感追求是指将人作为身体和精神的整体的一种情感反应，它包含着对男性气概和女性特质的认识。在华迪卡看来，情感的追求是爱情的源泉，因为其不关注身体的欲望，因而也常被称为是"精神之爱"（spiritual love）。

如上所述，这种情感追求与情欲无关，但是却产生了另外一种欲望，即"想要亲近，想要靠近的欲望，同时会产生一种亲昵感和独占欲，渴望永远单独在一起。"[27]问题在于，这种欲望会导致将爱的对象理想化，因为在爱情

23　Karol Wojtyla, *Love and Responsibility*, p. 106.
24　See, Karol Wojtyla, *Love and Responsibility*, p. 107.
25　Karol Wojtyla, *Love and Responsibility*, p. 108.
26　See, Ibid, p. 110.
27　Ibid.

中，人们都希望对方是主观上乐于与我们亲近的人。因而，处于爱情中的人们会形成一种对对方的价值错误解读的危险，总是按照自己的理想型夸大爱人的价值，而一旦理想破灭，这种情感则会转为恨恶。尽管情感追求是爱的"原料"之一，但它不是爱，因为情感追求使人们不能真正地了解爱人，而只是专注于心目中的理想爱人可能会提供的主观感受。总之，如果爱情只剩下感官享受，只有性的吸引，那就不是爱，而只是一个人对另一个人的利用，或是两个人互相的利用；如果爱情只剩下情感追求，那也同样不是完全意义上的爱，因为两个人无论如何都仍然是彼此疏离的，尽管他们热切地寻求亲密接触因而可能表现得很亲近，但是这种寻求亲近不是因为爱那个人而是因为对理想中的那个人的爱。在华迪卡看来，真正的爱情要将感官享受和情感追求整合起来，只有按照事实，并根据个人自由而自主的选择所形成的爱才是真正的爱。

华迪卡从心理学层面对爱进行了剖析，指出感官享受是对人的肉体的一种心理和生理的反应，并且这种反应是客观存在的，尤其对于男性而言，他们在爱情方面往往疏于考虑爱人的内在本性；而情感追求则是对整体的人的一种情感的反应，这种反应是主观的，尤其是在女性那里，她们往往容易专注于一个理想的伴侣类型而忽略对爱人的真正认识。鉴于这种情况，华迪卡建议爱情中的人们必须审慎地对所爱之人进行真实而完整的评价，尤其首先要对爱人有一个真实的认识，只有这样，人们才能按照自己的意志自由地将自己交托给另一个人。

对爱进行了形而上学和心理学的剖析之后，华迪卡将重点放在了对爱的伦理学分析上。他指出，从形而上学和心理学层面整合爱的众多要素是不可能的，只有获得了对爱的完全伦理学意义上的分析，其他的分析才是可能的。华迪卡认为，我们通常所说的"爱"中包含着各种各样的情况，他简单的将其区分为经验（experience）之爱和美德（virtue）之爱：作为经验，爱在情感反应和感官刺激中显明出来，是对人的特定价值的感官反应；作为美德，爱则是一种选择，在这种选择中，不管人的特定价值为何而只肯定人之为人的价值。他强调，"作为经验（感受）的爱应该从属于作为美德的爱"[28]，以至于没有作为美德的爱，爱的体验就是不完满的。

华迪卡认为，在从伦理学角度考量爱时，首先要肯定人的价值，人的性价值的吸引力一定要从属于对人的尊严的尊重和维护。爱不仅仅是指向人的

---

28 Karol Wojtyla, *Love and Responsibility*, p. 120.

身体的，因为那种赤裸裸的利用对方的欲望是与爱不相匹配的；爱也不只是指向异性的，因为对异性的情感反应如果不与对人的肯定紧密相连则会随着时间消退；因而，确切地讲，爱是指向人的，只有当这爱通过自由的选择而将自身指向那个人时，爱才是真正的爱。[29]这样的爱导出了"婚姻之爱"（betrothed love）的无私特质，这种婚姻之爱以相互的友爱为基础，并根源于对共同的善的追求和奉献。华迪卡进而认为，只有发生在婚姻之爱中的两性关系才是与"人格准则"（personalistic norm）相一致的。在男女二人的爱情成为婚姻之爱前，他们都要面临选择是否向对方完全地赠与自己。虽然选择的对象是另一个人，但是却好像人们选择另一个"自己"一样，华迪卡指出，只有当两个人在一起对彼此都是客观有益的他们才是彼此相属的真爱。真爱是与责任连在一起的，他说："对对方的责任感越重就越是真爱"[30]

最后，华迪卡指出，虽然爱情作为一种情感是自发产生的，但是实践爱仍然需要我们去"培育爱情"，只有这样，我们才能真正地彼此相爱并阻止关系的破裂。他将培育爱的权柄归给天主，认为应该相信天主会对人类之爱进行干预，天主的恩典能修正人类之爱中扭曲含混的部分。

综上所述，华迪卡从形而上学、心理学和伦理学层面对爱进行了细致的剖析，他从形而上学角度将爱界定为是吸引、欲望和善意的密切综合和共存，并强调相互性在爱情中的重要地位；通过心理学的分析，他强调爱是感官享受和情感追求的整合，指出在爱情中无论偏重何者都会有损真爱，并以此建议人们要谨慎处理好感官和情感的关系以发展真爱；在对爱的伦理学分析中，他强调美德之爱，将爱与责任联系起来，并将培育爱情的权柄归于天主，指出人类之爱应从属于天主的神圣之爱。

3、贞洁的美德

在华迪卡看来，贞洁的美德对人类之爱有着巨大的价值。尽管在今天，人们谈论贞洁的话题时总怀有很多的敌视和不满，华迪卡认为，这是因为人们对价值的曲解以及人们的懒惰之罪[31]，他倡导要恢复贞洁的美德，指出当爱的客观真理被人们完全接受时，贞洁也将获得它完满的价值，将被视为人类生活中极大的积极因素，是"人类文化"中的一个关键要素。在这一部分的

---

29 See, Karol Wojtyla, *Love and Responsibility*, pp. 123-124.
30 Karol Wojtyla, *Love and Responsibility*, p. 131.
31 See, Karol Wojtyla, *Love and Responsibility*, pp. 143-146.

探讨中，我们将首先分析华迪卡是如何阐述贞洁的，关注他对贞洁的美德的必要性的论述，并考察他对贞洁的两大组成部分——羞耻和节制——的论述。

首先，华迪卡认为，贞洁是与亚里士多德-托马斯主义传统中人的四大美德之一的节制（moderation-'temperantia'）联系在一起的。他在托马斯主义哲学的框架中描述贞洁的美德，强调贞洁"不过是控制情欲冲动的效力（efficiency）"[32]，它不仅仅是一种能力，而是意为一种持久的效能。他指出贞洁只能与爱的美德相结合，它的功能就是防止爱中的功利主义倾向。因为爱是与责任联系在一起的，负责任的爱要求人们尊重人作为肉体和精神的整体的价值，并以此为指导去塑造人的情感反应。与爱相结合的贞洁不是消极的，而是积极的，它肯定人的价值，肯定在人的层面对人身体价值和性价值的所有反应的重要性。总之，在华迪卡那里，贞洁是一种美德，它使得人们能够拥有自己性的欲望和感受，而不是被性欲和感觉所控制和占有，正是因为贞洁的美德，人们才能在爱情中将自己毫无保留地赠与爱人。也因此，贞洁是人类之爱所必需的。

其次，华迪卡论述了羞耻和节制，认为二者是贞洁的两大组成部分。他从形而上学角度阐述了羞耻，按照他的观点，羞耻的产生是"当那些按照人的本性或意图本该是私密的，却越过人的隐私界限而以某种形式成为公开的"[33]。由于人都是内在的存在，他只会显露那些通过他自由选择而愿意显露的，因此，当人的内在本性被暴露在他人面前时，他自然会感到羞耻。华迪卡认为，羞耻感是人的一种自然反应，并且是不能传达、不可转让的。羞耻是人自我保护的一种自然形式，可以被爱"内化"（absorbed），这种内化并非意味着羞耻会被忽略或破坏，而是在爱中得到保存和加强。在婚姻中，夫妻之间的羞耻感就被婚姻之爱内化了，他们在婚内的性行为中愉悦彼此的身体是合情合理的，任何的第三方都不能分享这种情感，因此羞耻也要求婚姻中的性行为要在私下进行。接下来，华迪卡分析了贞洁的另一个组成部分——节制。他认为，一个节制的人即是指能控制自己的性欲望的人，这在爱中是很必要的。节制作为运用意志克制对身体的欲念的效能是一个自制的人所必备的素质，同时，产生自情感追求（sentiment）的柔情（tenderness）也必须经过节制的训练，节制的训练能使得柔情变得坚定，防止这种柔情太过情绪化。

---

32 Karol Wojtyla, *Love and Responsibility*, p. 169.
33 Ibid., p. 174.

华迪卡站在天主教的传统立场上，重申原罪带来的后果，指出人因为原罪的缘故既不能抗拒肉体的诱惑，也容易陷入情感的利己主义，因而就彰显出节制的重要性。节制能使人们免除肉体的诱惑和自我中心，进而能间接地培育爱情。华迪卡指出，男女之间的爱情如果没有牺牲和自我否定就不能发生，他引用圣经中耶稣的话："……若有人要跟从我，就当舍己……"（太16：24）来阐明节制也是展现爱的一种方式。最后，他以耶稣基督的爱作为榜样，指出只有耶稣那种自我牺牲的爱才能使得男人们和女人们真正地成为贞洁。

4、婚姻与使命

华迪卡的婚姻伦理神学从分析人入手，逐渐地将人类之爱向天主的神圣之爱靠拢，并最终在论述婚姻时与至高的天主结合起来。华迪卡在论述婚姻时，主要考察了一夫一妻制和婚姻的不可解除性，婚姻制度的价值以及生育子女等问题，并由对婚姻的论述引出人的圣召使命，指出人人都该认识并完全顺服天主这至高的创造者，以完成自己生命中的圣召使命。

对爱与贞洁的分析是华迪卡论述婚姻问题的基础，他指出，人格准则引导人们向爱人真诚地交付自己，并且是对爱人人格的完全肯定，因而要求婚姻的一夫一妻制和不可解除性。人们选择婚姻就是使自己自由地获得了丈夫或妻子的身份和特性，就是承诺自己从此将完全忠实另外一个人。一夫一妻制和不可解除的婚姻是源自婚姻中的男女双方的，一旦他们结婚就相互赋予了特定的存在和身份。

对于婚姻作为一种制度（institution）的价值，华迪卡指出：婚姻保护了夫妻之间的爱情以及由这爱情所建立的人的结合，并由此而"在复杂的社会中为夫妻之间的性关系提供了辩护（justification）。"[34]华迪卡特别区分了婚姻（marriage）与家庭（family），认为二者之间虽是紧密相连的，但却不能含混地等同或厚此薄彼。他指出，家庭是社会的单位，受到社会法律的保护，但家庭是在婚姻的基础上建构起来的，因而要充分地认识和尊重婚姻的权利和义务。华迪卡努力证明，婚姻不仅仅是对于构建家庭有益的工具，其本身也是善的，生养和培育子女是婚姻本身固有的目的，也是婚姻价值的实现。华迪卡进一步指出，男女两性的婚姻应该并且首先应该经过作为创造者的天

---

34 Karol Wojtyla, *Love and Responsibility*, p. 219.

主的审度[35]，人作为一种理性的存在，应该认识到自身是天主的创造物，人的存在要依赖天主，这也有助于人们理解天主教所提倡的婚姻的"圣事"特征（'sacramental' character）。

婚姻内必然面临生育子女的问题，当男女双方按照自由意志选择结婚并发生性关系，华迪卡认为，他们就同时选择了生育子女的可能性，选择了要参加生育。而在婚姻内接受生育的可能性能够保护爱情，同时也是个人婚姻不可缺少的条件之一。他说："如果积极地阻止性交生育子女的可能性就是无耻的（shameless）"[36]。因此他反对人工避孕，认为那是不符合人的本性的，是不道德的，是对人格准则的违反。他认为婚姻中合理地解决生育管理的问题的方式就是节制，即控制性欲。当然，他反对任何婚姻内的性行为都要有生育目的的严格的功利主义观点，因为在他看来，婚姻是因为爱的原因而存在的，不仅仅是为了生育的目的，婚内性行为本身是夫妻交流的方式，是夫妻之爱的表现，因此性行为的目的和对伴侣的关心必须要集中于对方身上，真正地为着对方的益处。

至此，华迪卡对于人的本性及爱情与婚姻的探讨已经告一段落，接下来他将目光转向了至高的存在者天主。在他看来，按照人格准则所评判的人与人之间的关系是一种"横向的正义"（'horizontal' justice），除此之外，人还需要一种"纵向的正义"（'vertical' justice），这是一种来自创造者的正义。他说："就人而言，来自创造者的正义是由两个要素构成的：对自然本性的顺服和对人的价值的强调。"[37]而这两个要素与真爱的要求是一致的，因而，婚姻中的男女只有真正地在个人婚姻和爱的层面培育他们的关系才是履行了对创造者天主的义务。[38]同时，按照天主的正义，人人都生而具有一种使命（vocation），并且这种使命是只有人才具有的。"使命"一词意为每个人的发展过程中都要经历的一种过程，是人终其一生服务某些价值的特定方式。[39]华迪卡认为，使命要求人必须为自己的爱找到目标，必须爱上某人而且准备好为自己的爱献身。简言之，使命要求人要舍己，既对婚姻舍己也对天主舍己。华迪卡强调，使命是与爱联系在一起的，它通过爱将人与创造者

35 See, Karol Wojtyla, *Love and Responsibility*, p. 222.
36 Karol Wojtyla, *Love and Responsibility*, p. 231.
37 Ibid., p. 247.
38 See, Karol Wojtyl, *Love and Responsibility*, pp. 248-249.
39 Ibid., p. 256.

天主连接起来，由此他为他的婚姻伦理思想找到了最终的落脚点，即天主的爱与恩典。

华迪卡的婚姻伦理思想无论在天主教界还是学术界都受到了广泛的关注，这当然与他当选天主教教宗的社会影响和辐射是分不开的，但是他思想本身的深度也受到了学界的一定认可。他的婚姻伦理思想立足于天主教传统的婚姻伦理观，并且坚持维护传统，因而在保守的天主教徒和学者那里备受推崇。詹尼特·斯密斯（Janet Smith）是美国天主教性伦理的杰出教师，她非常推崇华迪卡的《爱与责任》一书，她说："我坚持认为教宗的书应该属于（与荷马的《伊利亚特》，但丁的《神曲》以及奥古斯丁的《忏悔录》同级的）一类，因为我想后代的人读到这本书时，他们会发现，这本书直面了我们生命中都会遇到的问题，并提供了检视人类关系的方法，如果被接受了，那将彻底改变我们的生活方式。"[40]波兰天主教杂志《普通周刊》（Tygodnik Powszechny）的主编巴德奇（Adam Boniecki）神父甚至指出，教宗保禄六世的《人类生命》通谕中超过一半的内容都是来自华迪卡的思想，这当然是一种过分夸大，但是二者确有渊源却是不假。[41]与教内对华迪卡思想的推崇和抬高不同，学术界的评价则显得苛刻而严厉，这当然与天主教传统伦理一直以来就饱受批评不无关系。学界对华迪卡的思想的较普遍的态度是认为其晦涩难懂。于 20 世纪 70 年代中期与华迪卡共事过的波兰籍现象学家安娜·特雷莎（Anna-Teresa Tymieniecka），曾经深入地研读过华迪卡的《爱与责任》一书，她站在已婚者的立场上提出质疑："他（指华迪卡）是一个对自己有着极高要求的人，他详细阐述了他那漂亮而和谐的人格，然而，问题在于，他在对爱及性知之甚少的情况下对其著书立说。当我读到《爱与责任》一书时，我着实很震惊。我认为他根本不知道自己在说什么，他怎么会写出这样的东西？因为他根本就没有经历过那些。"同时，她也从学术分析的角度提出了自己的批评，她指出，这本书就像来自火星的人类学家对人类的性行为所做的研究——一个伦理学、解剖学、生理学以及对关系与情感的抽象分析的大杂烩。她肯定该书所表达的基本主题，即人不能被当做工具，她指出这当然是无懈可击的，但是她

---

40 Janet Smith, "John Paul and Humanae Vitae" in *Why Humanae Vitae was Right*, San Francisco, Ignatius Press, 1993, p. 232.

41 See, John Cornwell, *The Pontiff in Winter—Triumph and Conflict in the Reign of John Paul II,* p. 46.

认为自我奉献（self-donation）的观念是神学的声音，很难及时顾及到鲜活的经验、转瞬即逝的情感及人的软弱等等。[42]

　　总之，各界对华迪卡婚姻伦理思想的褒贬不一，本文在这里不做过多的价值评判，只是试图通过上面的论述能使读者对若望保禄二世前教宗时期的神学伦理学思想，尤其是婚姻伦理思想，有一个深入而全面的了解，认识到他早年即对人的本性与情感以及与天主的关系极其关注，因而为他教宗时期发展出的系统的神学人类学奠定了一定的基础。除了神学伦理学以外，教宗还有很深的哲学积淀，即他的哲学人类学思想，本文接下来将着重分析他前教宗时期的哲学人类学思想。

2.2.2 哲学人类学思想

　　"人类学"一词通常指对人的科学研究，它考察不同社会和文化中人们的行为、习惯以及生活方式等。然而，哲学人类学则有着更为深刻的内涵，它指对人的本性的哲学研究和理解，更关注个体的人，将其视为基本价值的主体，其宗旨就是探究具体人的生活经验。华迪卡的思想受到托马斯主义哲学及现象学方法的多方滋养，而他对于个体的人的关注也是由来已久，他的伦理神学即是以人作为思考的中心。在这样的思想背景下，他的哲学人类学思想有了根基和方法借鉴，他对托马斯主义和现象学两大哲学传统进行借鉴吸收和改造阐扬，并结合人格主义思想，进而形成了他自己独特的哲学人类学思想。华迪卡运用现象学的研究方法考察人的行为，并试图将托马斯主义传统中将个体的人定义为一种理性存在的思想与马克斯·舍勒将人描述成各种行为的统一体的思想综合起来。他的哲学人类学思想的主题就是要阐明"人之所以为人"的基本思考，他对人的本性的探讨可以分为对个体的人的分析以及对人与他人关系的阐明。对个体的人的分析是他哲学人类学的最核心部分，他在这部分集中分析了人的意识和行为，以及人在其行为中的超越和整合；在论述人与他人的关系时，他着重分析了参与这一活动，指出这是人的基本维度之一。本文接下来将分别从这两方面入手，来系统地分析和论述华迪卡的哲学人类学思想。

---

42 See, John Cornwell, *The Pontiff in Winter—Triumph and Conflict in the Reign of John Paul II*, p. 45.

1、对个体的人的分析

华迪卡指出，他的哲学人类学立足于"行为追随存在"（Operari sequitur esse）这一哲学谚语，坚持人的存在产生了行为（action），反之，行为也是揭示和理解人的基础。[43]因此，他提出了"行为揭示人"（action reveals the person）的公理，主张将行为作为探究人的核心概念。在对个体的人进行探讨时，他首先从人的经验（experience）入手，通过对经验的探讨来揭示人的行为，并分析了意识（consciousness）在人的行为中的角色和功能，之后，他就人（person）在其行为中的超越（transcendence）和整合（integration）进行了分析和讨论。

华迪卡颠覆了自笛卡尔以来的理性主义传统，即把人的存在仅仅归为理性的思考。他解释道："自笛卡尔以来，关于人及其世界的知识都与人的认知能力联系起来，……然而在现实中，人究竟是通过思想还是实际行动——即观察、解释、思考或理性分析等来显明自己的存在呢？……我们主张通过人的行为来研究人。"[44]华迪卡在这里做出了一个重要的革新，他将"我思故我在"反转成"我行动因此显明了我作为整体的实存"。在伦理学和其他的教导中，行为是只属于人的，同时行为也预示（presuppose）人，华迪卡试图改变这种关系，他不希望人被行为预示，他主张"行为揭示人，我们应该通过行为认识他人……行为向我们展示了洞察人的内在本质的最好视角，并且能使我们对他人有最完满的理解。"[45]

对人的经验的分析是华迪卡哲学人类学的起点。在他看来，对人的经验的定义是认知过程客观化的起点，而认知过程的客观化则是哲学人类学研究的需要。然而，现象学方法和经验主义对经验的理解截然不同，按照经验主义的观点，经验使人与感官印象联系起来，对经验的表达则变成了对感觉的精细描述。例如，当我们说看见了一棵树或一所房子，经验主义者则宣称我们只是感觉到了树的一部分进而推断有一整棵的树在那里，看到了房子的正面而推断有一所房子，但是这些也许只是假象。而现象学则直接反对这种对现实经验谨小慎微的态度，现象学者认为，在经验中对象（object）通过人的

---

43 Karol Wojtyla, "The Person: Subject and Community", see Andrew N. Woznicki edited, *Person and Community—Selected Essays/*, p. 260.

44 Karol Wojtyla, *The Acting Person*, translated from the Polish by Andrzej Potocki, D. Reidel Publishing Company, 1979, pp. Ⅶ-Ⅷ.

45 Ibid., p. 11.

认知行为展现和显明自己。[46]华迪卡坚持现象学的研究方法，他认为，人的经验大体是由两部分组成的：人对自身的经验以及人对客体（object）的经验，所谓的"客体"即是所有外在于人的存在，包括事物以及他人。其中，人对自身的经验"是所有经验中最丰富却也最复杂的一种，人对外在于他的存在的经验总是与他关于自身的经验相联系的，没有对自身的经验人不能同时经验到外在于他的存在"[47]，因为，只有通过自身，人才能经验到那些外在的事物。在任何的经验中，人都要在一种认知关系中面对自己。

　　华迪卡指出，在人的经验中，人同时既是主体又是客体。因为具有经验的是人，而被经验的主体所经验到的也是人。在他看来，"在经验中，人就显示为存在并且活动的那个个体。我是这样存在且活动着的个体，每个人也都是。所有的人，包括我和其他人，我们共同地经验到了存在和活动，同时，所有的人，包括我和其他人，我们也都是这经验的客体。"[48]然而，在这种经验中，人对自己的存在与活动的经验与对他人的经验是不同的。人对自身的经验即内在经验，它只包含人与自身的关系，而排除与他人的关系；而人对他人的经验即外在经验，则包括那些外在于"我的内在"或"我自己"的人。外在的经验使得人向他人展现自己的同时也反观了自身，因而加强了关于自身以及人的普遍本性的知识。此外，外在经验也使得人在一定程度上了解他人的内在经验成为可能，正是通过人的普遍本性，我们能参与到他人的内在经验中并产生共鸣，例如高兴、勇敢、怜悯和悲伤等这些经验都是受外在经验调节的。华迪卡认为，内在经验和外在经验的双重性表明，人不是仅仅依靠内在经验生活的，人同时需要对他人的经验以促进自身经验的完满。因此，人的整全经验不能被人为地分离以及抽象成为脱离理智的经验要素，他们是互相交流并彼此支持的。

　　人的经验有许多不同的方面，例如，我们不仅有自身的感官印象，也有对外物和他人的经验，还有对我们自身作为主体的经验，并且通过语言的经验，我们可以与他人进行思想和情感的交流，尽管只是部分地交流。华迪卡认为，人的经验的所有方面，包括外在的和内在的，客观的和主观的以及能

46　See, Beabout et al. *Beyond Self-Interest—A Personalist Approach to Human Action*, p. 50.

47　Karol Wojtyla, *The Acting Person*, p. 3.

48　Karol Wojtyla, "The Person: Subject and Community", see Andrew N. Woznicki edited, *Person and Community—Selected Essays*, p. 221.

交流的和不能交流的最终都统一到人那里，都要经过人的认知的把握和理解。华迪卡将人的认知能力视作经验的必要条件，认为人的每个经验都同时是一种理解（understanding），即使人对自身的经验也需要认知能力对其同时作为主体和客体的把握，华迪卡认为，这是人的思想对经验的参与，他强调，经验及对经验的认识理解尽管是截然不同的却是联系在一起的。因此，他将人的经验视作人获得知识的基础，他认为经验不只是知识的源泉，同时也影响知识。然而，他更强调人在其中的主体性，他完全接受了人是本体（suppositum）[49]这一古老的概念，并对之有新的理解。他指出："说人——包括我和每个其他的人——在经验中显明为一个本体，即是说，显明人是那个存在并且活动着的个体的整个的人类经验既允许我们又合理地要求我们将人作为存在和行为的主体，这就是本体一词的含义，这个词就是要在形而上学的层面上表达人的主体性。"[50]总之，华迪卡通过对经验的分析，突出人的主体性，指明人是存在和活动的主体，亦是人的经验的主体。他指出，我们必须承认人是主体，否则在经验中显明的人的存在与活动就不是人的存在与活动。形而上学的主体性或本体——作为透过现象的（transphenomenal）因而是人类所有经验的基础表达——也是人的存在和活动身份的保证。他将本体视作人类所有经验的基础表达，强调经验不能与本体分离，同时，人的经验尤其是人关于自身的经验能促进对人的主体性的理解。[51]

　　经过对经验的分析，华迪卡阐明了人的主体性问题，他强调人是行为的主体，由此引出了他哲学人类学的核心概念，即人的行为（action or man-acts）。在他看来，行为占据了整个的人类经验，因为，"行为在每个人的生命中都是一个不停重复的事件，因而当我们考虑许多人时，我们就获得了无数的事实以及由此而来的关于人的经验的巨大财富。"[52]他主张要关注"认知的行

---

49 注：*Suppositum* 一词在波兰文版的《行动的人》以及华迪卡的英文文章中被大量使用，但是在英文版的《行动的人》中却没有使用，这是英文版的一个缺陷. 与该词最接近的英文表达即是"ultimate ontological foundation",意为"终极的本体论基础". (See,Karol Wojtyla, *The Acting Person*, translated from the Polish by Andrzej Potocki, D. Reidel Publishing Company, 1979, p.72.)

50 Karol Wojtyla, "The Person: Subject and Community", see, Andrew N. Woznicki edited, *Person and Community—Selected Essays*, p. 222.

51 See, Karol Wojtyla, "The Person: Subject and Community", see Andrew N. Woznicki edited, *Person and Community—Selected Essays*, p. 223.

52 Karol Wojtyla, *The Acting Person*, p. 9.

为"（cognitive act），因为其中包含了人的行为的事实。他强调指出，认知的行为不仅仅是一种感官行为，而且理智和思想已经成为这个过程的一部分并且已经进入经验本身，思想参与到经验中因而能在主体和客体之间建立一种关系。简言之，在华迪卡那里，思想的参与不能从经验中抽离出来，而应该完全地融入其中。

对于行为，华迪卡有着一个非常特殊及严格而清晰的理解。他认为，"行为是理解人（apprehending the person）或称之为经验人（experiencing the person）的一个特殊的要素（moment），……它存在于以人行为的无数次重复的事实为基础的理智理解中，……行为一词中充满了经验的内容，……只有在经验中，对行为的事实的解释才能得到完满的确证。"[53] 在华迪卡看来，行为因为处于与经验的内在关系中而能揭示人，行为使得我们能以最好的视角洞察人的内在本性，并允许我们对人有一个最为完满的理解。他说："我们经验了作为个体的人，而因为他的行为我们才能对这经验形成确信。"[54] 当然，这不是对行为的所有理解，华迪卡指出，人的行为还具有道德的价值，行为往往表现为道德的善的或恶的。在他看来，行为及其道德维度之间的关系是很亲密的，因为他们互相贯通并影响彼此，道德价值是人行为的一个固有的特性并且参与人的行为。但是二者又不是等同的，它们之间的差别在于，道德价值使得我们以一种更为直接的方式理解人，并能更深入地洞察人；而行为则揭示人的整全性，道德价值作为行为的内在属性能使我们更好地理解人之为人。总之，道德价值既能影响人的行为，又能影响人的塑造和发展。

华迪卡将行为作为人的动力（dynamism）的一种形式，指出行为能使我们认识到人是个体的主体，而这种行为是一种有意识的行为。华迪卡指出，当我们试图通过行为来理解人的主体性时，我们需要注意到意识（consciousness）之于人的主体性的特殊重要性。[55] 人是通过意识的作用来展现自身的，同时意识也能把握本体与人自身之间的关系。华迪卡试图克服经院主义传统以及笛卡尔以后的现代主义传统中对于意识认识的不足，他认为, 在经院主义传统中, 对人的行为的分析主要是从良善（goods）和目的（ends）基础上的意志（voluntarium）或主体能动性（subjective agency）方面展开；

---

53 Karol Wojtyla, *The Acting Person*, p. 10.
54 Ibid., p. 11.
55 See, Karol Wojtyla, "The Person: Subject and Community", see, Andrew N. Woznicki edited, *Person and Community—Selected Essays*, pp. 225-226.

而在笛卡尔以后的传统中，意识变得绝对化了，存在（being）被视作在意识中并通过意识构成。华迪卡主张改变传统的观念，在他看来，并不是意识构成了存在，而是存在在一定程度上构成了意识。[56]因而，意识不是一个抽象的主体，但是它确实在理解人的主体性中起到了非常关键的作用。

为了对意识的结构等有一个深入地了解，华迪卡区分了意识的两个截然不同的功能和要素，即意识在行动的人里面的反映功能（reflecting function）和反身功能（reflexive function）。首先，意识的反映功能即是如实地反映出人里面所发生的一切，这种反映功能为人的经验和行为提供了一种内在视角，包括做什么以及如何做。华迪卡强调这种功能是与认知的客观化和有意识地行动不同的，但却是对人的自身和行为的最内在的、最私人的方面的反映和感悟（awareness）。华迪卡指出，"意识的这一功能不仅反映而且也以它独有的特殊方式进入到它所反映的对象之中，从而在人自身（person's ego）内总结或把握它。"[57]意识在这个过程中要对人自身敞开，华迪卡认为，这是通过人的自知（self-knowledge）实现的。顾名思义，自知就是人对自身的存在和行为的认知以及对外在事物的认知，自知作为认知的一种形式具有认知行为的目的性结构。自知与意识是相互影响和互为条件的，同时自知是先于意识的，它为意识的反映功能提供基础，形成了意识的内容进而标记出意识反应的界限。华迪卡总结意识和自知的关系，指出："……当人意识到自己的行为，他也知道自己正在行动，而且，他知道他是有意识地在行动。自知使得它的客体，不仅指人和行为，而且还有作为存在的人，意识到自身以及自身的行为，这种意识是经过自知客观化的……人自知自己是有意识的存在，也正因为这种自知，他知道对自身存在和行动的意识。"[58]总之，自知是人的自我意识的基础，因为意识本身必须要与有目的的认知活动联系起来，否则它本身不能使人认识到任何事情，正是在意识与自知的这种关系中，人的自我意识才能产生。

仅有意识的反映功能是不足以构成人的经验的，华迪卡指出，"意识还需要在经验中有一个对主体的特殊的反转，正是通过这种反转我们可以强调经验者自身的主体性（subjectiveness）"[59]，这种对主体性的经验就是意识

56 See, Karol Wojtyla, "The Person: Subject and Community", see Andrew N. Woznicki edited, *Person and Community—Selected Essays*, p. 226.
57 Karol Wojtyla, *The Acting Person*, p. 34.
58 Ibid., p. 37.
59 Karol Wojtyla, *The Acting Person*, p. 44.

的反身功能。在华迪卡看来，这种自反性（reflexivity）引导意识回到主体，在意识的这种特别要素中，通过意识反映出来的正是经验中的人所特有的。意识的反映功能将人自身显明为一个客体，而意识的反身功能则将这个客体经验为一个主体。总之，自反性开启了经验的一个新维度，只是这一维度不适合人的外在经验，而只适用于人的内在经验。在内在经验中，自反性建立了对主体性以及对人自身的经验，而在这个过程中，意识的反映功能仍然客观地远离经验的主体。此外，华迪卡认为，自反性的概念是对本体（suppositum）的形而上学概念的局限性的弥补。"本体"一词说明了人是存在和行动的主体，但人却没有对自身作为一个特定主体的经验，意识的自反性考虑到了这一问题。这是对"本体"概念的超越以及对自主的个体含义的提升，即是华迪卡的"我"（'I'）的概念。这个"我"的意义非常丰富而广泛，除了本体的含义还加上了经验主体性的要素，华迪卡认为，"我"在我有形的个体中经验到了我自身（'I' experiences my own ego in my concrete person），这"我"是唯一而真实的、确定的及肉体的存在，当然也包括道德和精神的现实。[60]总之，在华迪卡看来，行为的经验、道德价值的维度以及人的灵性都显现在意识的反身层面中。

意识的两大功能虽然具有不同的作用但二者却是互相协调的，它们共同构成了一个整全的意识，进而对把握和理解人的主体性有重要价值。继续探究意识的作用时，华迪卡注意到，情感（emotions）的因素在意识中也扮演着一个相当重要的角色，他将情感对意识的影响称为"意识的情感化"（emotionalization of consciousness）。他指出，意识使人能认识到情感的发生，并且，人在一定程度上可以用意志控制情感，然而，人各种各样的感觉则能在情感的控制下使得意识情感化，即指，"各种各样的感觉混合了意识的反映功能和反身功能，因而以一种或另一种方式改变了他们的特征。"[61]这样一来，人关于自我的知识就会因为失去了意识的控制而崩溃，同时，意识对情感的客观态度也将受到损坏。华迪卡认为，发生这样的情形部分是因为情感的易变性以及强烈性，而另一方面则是由于自我知识的脆弱性。事实上，"自我知识的任务就是要防止意识过分地情感化，从而保护意识与所有的情

60 See, Karol Wojtyla, *The Acting Person*, translated from the Polish by Andrzej Potocki, D. Reidel Publishing Company, 1979, pp. 45-46.
61 Karol Wojtyla, pp. 52-53.

感事件之间的客观关系不被剥夺。"[62]华迪卡阐明过多的情感会破坏和限制意识的作用，他说，在强烈的情感中，人"只能经验到自身的情感，并依照这情感主体的原始形式而允许情感留存下来，而不是主观性地经验这情感从而将人自身作为经验的真正核心。"[63]总之，在华迪卡看来，情感对意识有着非常大的影响力，应该重视起来。

华迪卡通过对意识的分析阐明了他哲学人类学的核心论题"我行动"（'I act'）中关于"我"的观点：意识的反映功能阐明了人作为主体及自知对这一主体的认知和客观化的问题；而意识的反身功能则将人自身经验为人自己的经验和行为的主体。总之，在华迪卡那里，意识从内在层面显明了"我"作为人的存在与行为的主体的特殊性和确定性。接下来，华迪卡则提出了效能（efficacy）的概念用以解释"我行动"中的"行动"。在分析效能的概念之前，华迪卡首先区分了属于人的行为（actus hominis）和人的行为（actus humanus），他接受托马斯·阿奎那的观点，认为属于人的行为是指那些虽然是人完成的，但是其他动物也能实施这些行为；而人的行为则指人所特有的行为，是人作为人而完成的行为。华迪卡进一步指出，属于人的行为中有一种被动的因素在里面，而人的行为则要求主动性。他认为，人的行为中有人的意志和理性的参与，因而可以表达人的自愿和自主性，而属于人的行为中则没有意志或理性的参与，而是那些指向本能的、机械的或自发的身体反应，在这类行为中不涉及道德的因素。效能决定了这两种行为的区别，华迪卡指出，效能将人的行为与属于人的行为区分开来，在人的行为中，效能将人自身经验为以自身作为主体的行为的行动者（agent），而在属于人的行为中，则没有人自身的有效参与。[64]总之，华迪卡所定义的效能是指向人的行为的，在他看来，效能不仅仅是行为产生的外在于主体的影响，从更深的层面而言，效能是人的自我决定（self-determination），在自我决定中，我不仅是行为的主体而且我也决定了我自己的一切。自我决定是一种特殊形式的效能，在效能中，我是我行为的行动者，而在自我决定中，这种含义更进一步，我同时也决定我自己。正是因为效能以及自我决定，人才拥有了实施行为的自由，同时人的行为也具有了相应的道德责任。

---

62 Karol Wojtyla, *The Acting Person*, p. 54.
63 Ibid., pp. 55-56.
64 See, Karol Wojtyla, *The Acting Person*, p. 66.

通过以上华迪卡对人的经验、意识、行为及其效能的分析，我们可以看出，华迪卡将人视作其行为的直接原因（efficient cause），并且他认为，通过这些行为，人也是其自身的道德价值的原因。至此，华迪卡阐明了人是行为的主体，而行为揭示人，但是对于他哲学人类学的宗旨，即阐明"人何以为人"，他则论述了人在行为中的超越（transcendence）和整合（integration），本文接下来将专注于华迪卡对于超越和整合的观点，以期理清他对于"人之为人"的根本观点。

首先，华迪卡论述了人在行为中的超越，这个超越概念是指个人的超越，而不是存在于物质世界之上或远离物质世界的，个人行为的效能显明了超越的可能性。华迪卡区分了横向的超越（horizontal transcendence）和纵向的超越（vertical transcendence），并且指出，在他的论述中所涉及的是纵向的超越，他强调人的自我拥有、自我管理和自我决定成就了人在行为中的这种纵向超越。本文接下来将从如上的三方面入手，以阐明华迪卡对人的纵向超越的观点。

自我决定（self-determination）的个人结构在华迪卡的哲学体系中具有非常重要的地位，华迪卡甚至将自我决定的个人结构问题视作《行动的人》一书的核心[65]。但是在详细阐述个人决定之前，华迪卡则强调和分析了人的自我拥有（self-possession）和自我管理（self-governance）。并且认为，人首先要能自我拥有与自我管理，然后才能做到自我决定，三者是有一个先后顺序的。从词源学上考虑，拥有（possession）一词源自两个拉丁词 potis 和 sedere 的结合，potis 意为"有做某事的能力"[66]，sedere 则为"坐下"[67]之意，因而从字面而言，possession 意指坐下的能力，将之用于表示财产时，即是我们通常意义上的拥有，表示"我坐在这里，这就是我的土地"。而当用其指人自身时，self-possession 则意为"我是我自己行为的中心"。根据这种词源学的考量，我们可以看到，自我拥有一词包含了这样一种思想，即每个人在自我中都有一个主宰和中心，因而人的行为都源自这个中心的主权。正如华迪卡所说："只有当人拥有了自身，并同时是他自己的独一而排他的拥有，人才成之为人。"

65 See, Karol Wojtyla, "The Personal Structure of Self-Determination", see, Andrew N. Woznicki edited, *Person and Community—Selected Essays*, p. 188.

66 Oxford Latin Dictionary, Oxford University Press, Ely House, London, W.I, 1968, p. 1418.

67 Ibid., p. 1724.

[68]他随后指出，虽然人作为被造物从属于至高者天主，但是这种关系并不能消除或遮蔽人自我拥有中的内在关联，这对人是极其重要的。当然，我们还要能区分人的生理功能诸如消化食物、心脏的跳动等都不在自我拥有的范畴内，自我拥有是指人的有意识的行为，它与人的意识紧密相连。华迪卡接受了中世纪哲学家对此的表述，即 *persona est sui iuris*，意为"人是他自己的法则"。[69]

在分析了人的自我拥有之后，华迪卡将目光转向人的自我管理，他说："因为人管理自己的能力是他特有的本性，因而它是以人的自我拥有为条件的。"[70]只有当人是自我拥有的，他才能管理自己。管理即是控制或命令之意，因而，自我管理指人自身提供规则并用之指导行为。在论到人自身（self）时，华迪卡提供了一个关于人的三种"动力"（'dynamisms'）的解释，他认为在人自身内有三种动力，他们是人精力的源泉：即主管人的成长与发育的植物性动力（vegetative dynamism）、作为人的激情与情感源泉的精神性动力以及适合人的自由本性的第三种动力。他指出，正是由于这第三种动力，人才能经验到人性的行为，而不仅仅是那些发生在人身上的事情。而自我管理就是管理人的动力及精力的能力，它包括但不限于自我控制（self-control）。华迪卡明确区分了自我管理与自我控制，他说："自我控制是人控制自己的能力，并且只适用于人的动力的某一功能、人的能力或美德之一，……"[71]意指自我控制只能控制人的激情或感情，然而自我管理则是一个更为完满的概念，按照华迪卡的观点，"自我管理是更加基础和更加严格地与人内在的个体结构相关联的，人正是因为能管理自己才与所有其他的结构和存在相区别。因而，自我管理是人管理自己的能力，而不仅仅是控制自己。"[72]而对于自我管理与神圣管理（divine governance）的关系，华迪卡则遵循奥古斯丁的思想，坚持二者之间没有冲突，因为天主创造了一个有秩序的世界，并赋予人自由去选择是否遵循秩序管理自己的生活。按照梵二会议的教导，"在这大地上，唯有人是天主为人的本身而喜爱的受造物。"[73]华迪卡因此断言，自我管理使得

---

68 Karol Wojtyla, *The Acting Person*, p. 105.

69 See, Beabout et al. *Beyond Self-Interest—A Personalist Approach to Human Action*, p. 53.

70 Karol Wojtyla, *The Acting Person*, p. 107.

71 Ibid., p. 106.

72 Ibid., pp. 106-107.

73 论教会在现代世界牧职宪章（第 24 号），《天主教梵蒂冈第二届大公会议文献》，天主教上海教区光启社，2001 年 12 月出版.

人能做出生命中关于婚姻、工作等的重大决定，也能使人决定是否接受神圣的恩典。

人的自我决定是以自我拥有和自我管理为基础和前提的，只有当人能有意识地把握自己、管理自己时，人才能做出自我决定。华迪卡这样定义自我决定，即"发生于主体身上的行为与主体的行为之间的显著差别允许我们转而发现一个要素，这个要素即是在人的广泛经验中能够果断地将人的行为与那些仅仅是发生于人的行为区分开来，我称这个要素为自我决定。"[74]可见，理解自我决定的核心要素就是人的行为，在这样的行为中人是具有自我意识的行动主体。人的自我决定的经验可以概括成这样一个短语："我可以做但却未必要去做"（I may, but I need not.）。华迪卡认为，理智（intellect）和意愿（will）都在人的行为中起作用，一方面，人在行动时有认知的要素，在"我可以做"（I may）的经验中，个体在一定程度上知道要选择什么。而另一方面，选择不是由理智决定的，"但我未必去做"（but I need not）的经验表明认知不是决定性因素，意愿才是。理智作为意愿选择的条件，能知会意愿在众多的选择中哪个是明智的选择，但是最后还是意愿来做出选择。可见，人的意愿是自我决定的核心和实质，华迪卡指出，"自我决定通过意愿的活动发生"[75]，并且，他将意愿视作人的灵魂的核心。虽然意愿受到很多因素的影响，不仅有认知的因素，也有情感的、社会的、文化的以及生理的因素，但是，华迪卡指出，这些都不是决定性的因素，意愿是自己决定自己的。

当人运用自我决定时，在人的行为中既有主观因素又有客观因素。因为一方面，经由"我可以做但未必去做"而做出的决定是源自人的内在选择的，因而每个行为都有主观因素，并且这个主观因素是不能传达的，因为仅仅通过对人行为的经验观察是不能理解人的主观意愿的。另一方面，人的行为还包含一个客观因素。事实上，人的行为会带来两重效果：首先，人的行为都有外在的影响，因为意愿选择行动并且这行动切实执行，它必然带来客观的影响；其次，华迪卡指出还有另外一种影响，他坚持亚里士多德-托马斯主义哲学的传统立场，并运用存在主义和人格主义的思想做了重新阐述，认为人行为的实施不仅改变了客观世界，实施行为的人也被改变了。按照托马斯主义传统的理解，当人实施行为时，这行为改变了世界，也通过实现人的

74　Karol Wojtyla, "The Personal Structure of Self-Determination", see Andrew N. Woznicki edited, *Person and Community—Selected Essays,* p. 189.

75　Ibid., p. 190.

本性而改变了行为的实施者。对托马斯而言，每一个行为都是实现人的本性的一种努力。总之，人的行为中既有个人的和主观的因素，也有对外在世界的客观影响，还有人通过主观选择而对自身的客观塑造。任何行为都不仅仅是改变世界的一种选择，也同时是改变人的一种选择，如此一来，华迪卡总结道："人通过他的每一个行为而被客观化了。"[76]

通过上述对人的自我拥有、自我管理和自我决定的分析，我们可以看出，人的行为是由人的意愿决定的，这意愿不能简单地被约化为人的经验，而是人存在的核心，是人形成自身并趋向完满的关键要素。意愿是源自人之内在的禀赋，正是因为这意愿，人才能拥有自己、管理自己并按照自己的决定去行动，人也因而就具有了人性尊严（human dignity）。意愿的禀赋使得人能与他人区别开来并且因其内在的尊严而成为唯一的存在。由此，华迪卡引出了关于人的超越的问题，他所指的超越并不是首要地关于至高者天主的，而是现象学中所使用的超越，同时加上了他自己的观点。在现象学中，超越指个体的人在对外在的客体的认知的或自愿的行为中克服自身意向性的能力。对胡塞尔而言，这还包括对某一事物的经验敞开自己，同时这外在的事物也显明自身的本质；而在舍勒那里，对价值的经验也是如此，即人向价值的经验展开自己，同时价值也以同样的方式显明自身。[77]华迪卡解释道："超越主体的限制而朝向客体，这是对'外在'完满的意向性或对外在客体的选择，这种超越应该被定义为'横向的超越'。"[78] 在华迪卡看来，人的意向性指向外在的客体，客体作为一种价值吸引意志趋向它，而成为横向的超越，而人的自我决定则指向内在的本体，本体喜欢这价值而选择它，并同时将自身定义为一种价值：主体成为"善的"或"恶的"，这是纵向的超越。[79]总之，横向的超越是人通过认知的和自愿的行为超越自身的限制进而达到外在的客体，这种超越包括有意识和有目的的行为，并且带有道德价值。然而，横向的超越并不是华迪卡所要讨论的超越，趋向人自己内在的、不可约化的核心（interior，irreducible kernel）的纵向超越才是华迪卡所关注的。

76 Karol Wojtyla, *The Acting Person*, p. 115.
77 See, Beabout et al. *Beyond Self-Interest—A Personalist Approach to Human Action*, pp. 57-58.
78 Karol Wojtyla, *The Acting Person*, p. 119.
79 See, Karol Wojtyla, "The Personal Structure of Self-Determination", see, Andrew N. Woznicki edited, *Person and Community—Selected Essays,* p. 192.

在华迪卡看来，纵向的超越中包含一种提升人以趋向最高价值，尤其是真理（truth）的意味，即在纵向的超越中，人自身是按照真理在行动。因为人通过行为表达自己的主观意愿并显明自身，现象学对纵向超越的描述则指向了对人行为中所包含的自由（freedom）的一种更为深入的理解。自由在人的发展框架中显得尤为重要，华迪卡认为，自由构成了人德行好坏的根本要素，对人的道德发展起着决定性的作用，同时，自由作为自我决定的基础，不仅构成了人的行为的框架，而且将这种行为与发生于人的行为区分开来。按照华迪卡的观点，自由即意为"人主要依靠自身来实现主体的行动"[80]，华迪卡甚至将自由等同于人的自我决定，他说道："自由是适合人的，人的自由源自意愿，并将自由显明是与自我决定等同的……"[81]。人能够自我拥有、自我管理及自我决定，因而人是按照自由意志（free will）在行动，并且是对自己的选择和行为负责的，同时，人也是通过在行为中做出抉择因而塑造自己和成就自己的。总之，人是按照真理的标准自由地做出选择因而成为自由的人。华迪卡认为，人由于通过自己的选择而成就自身，因而人是具有道德属性的。美好的行为显明了实施行为的人的良善，同时，这一行为又能继续塑造人的良善。这里有一个关于善的标准的问题，华迪卡在他的论述中没有详细论述，但是他的核心思想是：朝向真理的行为就是好的行为，依照真理的标准成长的人就是善良的人。[82]

华迪卡在他的哲学人类学论述中很少举例，但是在其他的一些场合中，他却很推崇神父马克西米利安·科比尔（Maximilian Kolbe）（1894-1941）的事迹，将其作为他关于人在行为中的超越的一个典范，因而，对科比尔神父事迹的介绍对我们透彻理解华迪卡对于超越的观点就显得尤为重要。科比尔是圣方济各修会的神父，他在二战之前是波兰宗教和文化界的重要人物，二战期间他被捕入狱，关在奥斯维辛集中营里。1941 年，他自愿代替一个陌生人受死，仅仅因为那个陌生人是一个大家庭的父亲。1982 年 10 月 10 日，华迪卡以教宗若望保禄二世的身份宣布马克西米利安·科比尔神父为圣人。在华迪卡看来，科比尔是一个自我拥有和自我管理的人，代替那个父亲赴死是他自己的选择，他的行为充分表明了他是一个什么样的人。华迪卡认为，科

---

80 Karol Wojtyla, *The Acting Person*, p. 120.

81 Ibid., p. 115.

82 See, Beabout et al. *Beyond Self-Interest—A Personalist Approach to Human Action*, p. 58.

比尔的行为正是真理所要求的行为，在这个选择中，他也表达了人性的尊严以及人那即使付出生命也要按照真理的要求做出抉择的能力。[83]

总之，人的纵向超越是对至高价值如善和真理的呼求的回应，纵向超越虽然能指导人的行为朝向善和真理，然而这一活动本身不是远离人自身的。华迪卡认为，仅仅有超越是不够的，他指出："人的超越仅仅是个人动力（dynamism）的一个方面，它只展示了其中的一个极点，与它同时发生的还有人主体性的统一以及人自我拥有和自我管理的整体结构，这就显示出我们所要讨论的整合了。"[84]由此，他提出了人的行为的整合（integration），在他看来，整合与超越是互补的，并且二者都是人行为动力的必要方面和要素。整合试图维护人本体论意义上的统一，华迪卡将人在行为中的整合"定义为对人的整体行为中的身体反应（somatic reactivity）和心理情感（psychic emotivity）的介绍，人的整体行为即人的超越和主体有效的自我决定的统一"[85]。如果说在超越中，人越过了自身的限制而达到外在，那么在整合中，超出的部分将被引回到人自身。华迪卡从身体（soma）和心灵（psyche）两方面详细探讨了人在行为中的整合。

华迪卡首先分析了人的身体，他指出可以从内在的和外在的两个维度理解人的身体，并强调："身体是物质的，是可见可感知的现实，接近身体首先是从'外在'入手。人身体的外形首先决定了他看起来是什么样的，其次，它也对个人的外观以及他得出的明确印象有决定性的影响。因而，我们可以认为，人的身体是由不同的部分组成的，每一部分都各安其位、各司其职。"[86]除了外在方面，身体也同样具有内在方面以协调身体的各个器官，而身体的整全性是人表达自身的媒介。华迪卡强调，正是因为身体，人成为自然的一部分，因而与自然的其他部分，尤其是动物们有很多相似之处和紧密联系。他将人身体的动力机制描述为应激反应的，即能对外在的刺激产生反应，而这种应激反应是不依赖于人的自我决定的，因为其根源不在于人的意愿而在于人身体本能和自发的反应。身体的反应不是人的行为，因为它是在自然层面发生的并往往是在意识之外进行的，华迪卡总结道："……身体似乎有自

---

83 See, Beabout et al. *Beyond Self-Interest—A Personalist Approach to Human Action*, pp. 58-59.

84 Karol Wojtyla, *The Acting Person*, p. 191.

85 See, Jaroslaw Kupczak, O.P., *Destined for Liberty—The Human Person in the Philosophy of Karol Wojtyla/ John Paul II,* p. 151.

86 Karol Wojtyla, *The Acting Person*, pp. 200-201.

身的一个独立的'主体性',即不受本体论意义上的整全人的任何影响。然而,这种主体性仅仅在这种意义上存在,即身体是反应的唯一主体。因而,身体的这种主体性是反应的、植物性的并且是意识之外的。"[87]虽然身体的反应不是人的行为,但是它在人行为的整合中仍然起着重要作用。在华迪卡看来,整合过程的目的就在于将人身体的主体性与人的有效的、超越的主体性相匹配,在这个过程中,人身体的反应就成为了人的自我拥有、自我管理和自我决定的一部分。

除了人的身体,华迪卡还分析了人的心灵。在他的人类学范畴内,心灵一词指那些对人的生命的显明,这些显明就其自身而言是非身体和非物质的。[88]虽然心灵不是身体的,但是它却在一定程度上依赖于身体并以身体的反应作为存在条件,因而身体与心灵之间有着非常复杂的依存与合作关系,不能将二者作为两个独立的存在来理解。华迪卡强调,人心灵的官能都是内在的和非物质的,虽然依赖于身体,但是却不能约化为身体。他将身体定义为是反应的,将心灵定义为是情感的(emotive)。身体的反应是身体对外界刺激进行反应的能力,情感活动似乎也是对外在刺激的反应,但是在情感活动中,外在刺激对人之内在的影响超越了纯粹的身体反应,并且产生了感觉(feelings)。在华迪卡看来,身体与情感的主要区别在于,身体的冲动并没有超过身体的潜能,而在感觉中,身体的这种潜能无论是在特性上还是本质上都被超越了。他指出:"感觉和知觉使得人源自并超越了前面提到的'身体的主体性',而这种'主体性'本身是与身体的反应紧密相关的,并且在很大程度上仍然是未被意识记录的,而以身体为基础并与感觉一同出现的心灵的主体性,则已然包括在意识之中。"[89]按照他的观点,感觉能使得人身体的活动存在于意识的反映功能和反身功能中,正是通过感觉,人才能经验自己的身体,例如,人有时是通过疼痛的感觉经验到自己的内部器官,例如胃或是肝等。总之,感觉成为人身体无意识的活动与人的意识之间的桥梁。[90]感觉使得人不仅经验到自己的身体,而且也同时经验到其他人和周围的事物,华迪卡强调,通过意识的反映功能而产生的各种感觉形成了人对自身存在以及

87 Karol Wojtyla, *The Acting Person*, p. 212.
88 See, Jaroslaw Kupczak, O.P., *Destined for Liberty—The Human Person in the Philosophy of Karol Wojtyla/ John Paul II*, p. 135.
89 Karol Wojtyla, *The Acting Person*, p. 228.
90 See, Jaroslaw Kupczak, O.P., *Destined for Liberty—The Human Person in the Philosophy of Karol Wojtyla/ John Paul II*, p. 136.

对世界存在的经验。华迪卡还坚持认为，人的感觉是直接指向价值的，人的自我感觉（self-feeling）显明了其与众不同的本质特征和价值因素，如人们常常表达"我今天感觉很好"或"我感觉不好"[91]，这种对价值的情感经验应当属于人的理智对于客观事实的价值认知的一部分。他还强调，"人在行为中的整合本质上是关于真理的，因为只有真理才能使人真正自由地进行自我决定。因而，对价值的经验，作为人的感觉的功能之一，必须是从属于真理的。感觉与事实的联合是经验价值的必要条件，只有在这样的经验基础上，人才能做出真正的选择和决定。"[92]人的感觉不是价值的全部评判标准，也不是个人经验价值的唯一基础，感觉必须与事实关联起来，只有这样，人才能真正地形成自己的独特人格。

总之，华迪卡从身体反应和心理情感两方面论述了人在行为中的整合，以此为基础着重分析了人的身体和心灵。关于人的身体，华迪卡指出，在人的主体性框架之内，身体在一定程度上拥有自己独特的"主体性"，即应激的、植物性的以及外在于意识的主体性。然而，整合过程的目标就是要将身体这种应激反应的主体性与人有效的、超越的主体性匹配起来。关于心灵，华迪卡则指出，人的感觉和情感必须要通过真理的主体化而在主体的自我决定中进行整合，他坚持只有真理才能使得行动者得享自由和实现超越。

2、对人与他人关系的分析

以上都是华迪卡对个体的人的分析，在这一部分的分析中，华迪卡关注人的经验、意识以及行为，通过结合形而上学和现象学方法对人的本性及主体性的理解，对人的意识之功能的阐述和对人作为主体的自我决定的探讨，以及他对与人在行为中的超越和整合的阐明，向我们展现出了一个完整的行动的个人。然而，除了对个体的人的分析，华迪卡在他的哲学人类学中还关注人与他人的关系，他将人的行为描述成'与他人一起的行为'（man's acting 'together with others'）。为了阐明个人与他人的关系，华迪卡论述了主体间性（intersubjectivity）并将其定义为参与（participation），认为参与表明了人的另一个维度，即社会维度，他试图通过对人的社会属性的阐释来更深入地了解人。

华迪卡承认，单个人的生活不能与其所生存的群体分离开来，人的一切行为都要在群体中完成。在他看来，参与包括所有能促进个人与群体的完满

---

91 Ibid., p. 137.
92 Karol Wojtyla, *The Acting Person*, p. 233.

发展的态度、行为和价值等。正是通过参与，个体的人才能充分发挥他的潜力并实现自我，也正是通过参与，个体的人们才能克服疏离的存在状况，因为正是在参与中，人和群体才能充分地认识彼此。华迪卡这样理解参与：即，在参与中，个体的人在他的行为中保持"他自身行为的人格价值（the personalistic value）并同时分享公共行动的过程和结果。由于这种分享，当人与他人一起行动时，他仍旧保持由公共行动带来的一切，同时，正是这种方式导致了他自身行为的人格价值。"[93]参与的含义首先是群体中个人主体的绝对优先性，任何团体中的行为都始终是人的行为，即是人在行动，而不是群体在行动。参与的基础就在个人的主体中，它显示出了人在个人的维度上实现自己的存在与行为的能力。从这个意义而言，华迪卡将参与视作人的一种特性（property）。同时，华迪卡还将参与理解为是与他人人性（humanity）的一种积极关系。这里"人性"一词不是指关于人的一种抽象概念，而是指唯一的、不可重复的个人自身。参与到某人的人性中意为与那人作为一个特定的人紧密相连，而不是与使那人成为人的一切相连。[94]此外，在华迪卡看来，参与和超越及整合一样，都是行动的人的特性之一。人是参与的主体，并且这个主体不是抽象的人，而是与自身的行为相关的特定的人。没有参与，人就不能与他人一起行动，因而人也就不能在与他人的关系中实现自己的自由。总之，参与既是人与他人一起行动并借此彰显自己行为的人格价值的能力，同时也是这种能力的实现。

为了更清晰地阐明参与的意义，华迪卡分析并批评了两种对个人与社会群体之间关系的错误理解——即个人主义（individualism）和极权主义（totalism）。在华迪卡看来，这两种观点都限制或排除个人对群体的参与，进而既在理论层面又在实践层面否定参与。他指出："个人主义将个体的人看做基本的和最高的善，群体或社会的所有利益都必须从属于个人的利益"[95]。按照个人主义的观点，他人是群体中个人行为和权力的限制因素，个人若在群体中与他人共存则必须要努力将这种负面影响减至最小。个人主义排斥个人对群体的参与，认为个人不是通过与他人一起行动实现自身，而是要尽可

93　Karol Wojtyla, *The Acting Person*, p. 269.

94　See, Karol Wojtyla, "The Person: Subject and Community", see, Andrew N. Woznicki edited, *Person and Community—Selected Essays*, p. 237.

95　Karol Wojtyla, *The Acting Person*, translated from the Polish by Andrzej Potocki, D. Reidel Publishing Company, 1979, p. 273.

能地脱离群体以保护自身。极权主义与个人主义相反，它也可称之为"反个人主义"（anti-individualism），是指个体的人由于外在于人的因素和整个群体中存在的缺陷而不能参与到群体中来。华迪卡论述道："极权主义依赖（与个人主义）相反的原则，主张个人应当无条件地服从群体或社会。"[96]个人主义试图保护个人不受群体利益的侵害，而极权主义则试图使用强制的手段维护公共利益而忽视个人利益。极权主义忽视个体行动的人格价值，进而罔顾人的自由，它关注一系列特定的客观价值的实现，但却忽视其实现的途径。总之，这两种观点都认为个人的利益不能与群体的公共利益整合在一起，他们都否定参与的意义和价值，因为他们都是建立在对人的错误理解之上的。他们忽视人的社会属性，认识不到与他人一起的存在和行动能促使个人得到完全的发展，正如个人主义忽视人想要在与他人的交往中实现自身的超越和整合的真正渴望，极权主义则以强迫的方式损害了人的自由。华迪卡认为，个人主义和极权主义的错误在于他们都坚持一种不适当的人类学，他称这样的思考方式为"非人格主义的"（impersonalistic）或"反人格主义的"（antipersonalistic）[97]。他坚持人格主义的观点，认为参与是人的特性之一，也是群体的构成要素之一，个人要通过自由的选择参与到群体中来，与他人一起生活，工作、娱乐，并互相友爱。

在讨论参与时，华迪卡还考察了各种社会群体和组织，例如家庭、友谊及工作团队等。他认为，家庭和友谊是范围小但却非常亲密的组织，它们对于个人的发展至关重要，但是由于身体及情感的限制，人不可能对待所有的人都如亲人和朋友一般。而在工作中，人们靠共同的计划和目标而组成一个团体，在其中成员们互相团结，团体的公共利益大于其成员的利益之和，但是却不高于团体中任何一个成员的人格尊严。总之，华迪卡坚持认为，人虽然以不同的方式参与到不同的社会团体中，但是在任何一种情形中，人都是通过自我拥有、自我管理以及自我决定，并在超越和整合中形成自身的。[98]

华迪卡的哲学人类学以"行动的人"为核心，集中探讨了个体的人及其行为，并对个人与他人的关系予以一定的关注，他以此向我们展示了"人之

---

96 Ibid.
97 Ibid., p. 275.
98 See, Beabout et al. *Beyond Self-Interest—A Personalist Approach to Human Action*, Lexington Books, p. 62.

所以为人"的哲学分析。在对个体的人进行分析时，他通过对人的各种经验、意识的功能、人的行为及其效能等的讨论阐明人是自身行为的主体，同时行为也能揭示人。并且，他提出了人在行为中的超越和整合，认为人因其自由行动而能超越限制，借着自我决定来完成自我，同时他强调真理是人的一切行动的标准，是实现人在行为中的超越的根本。整合与超越是互补的，华迪卡从身体和心灵两方面阐明了整合是对人本体论意义上的统一的维护。按照华迪卡的观点，个体的人就是通过自由的行动而在超越和整合中实现和成就自身的。此外，华迪卡还关注了个人与他人的关系，即人的社会属性，他认为个体的人只有参与到群体中，与他人一起存在和行动才能促进自身的完满发展。总之，人之所以为人既要依靠其做自己行为的主体，借着意愿的自由抉择并通过自我决定从而在自身行为的超越与整合中成就自己，又要参与到群体中去，借着与他人一起存在和行动以促进自身的发展。这就是华迪卡对于人之为人的哲学阐释。

华迪卡的哲学人类学最集中地表达在他早年最具代表性的著作《行动的人》一书中，其思想的研究者们对这一著作及其思想有着诸多的批评，主要集中于以下几个方面的问题：首先是文本的翻译及使用术语的晦涩问题，这尤其是对一些英美背景的学者而言，华迪卡是以波兰文写成的该书，其英译本中遇到了很多翻译问题。并且，华迪卡在该书中揉合了托马斯主义传统及马克斯舍勒的现象学思想，因而书中有很多核心概念都是专业术语，理解起来非常困难。其次，有批评者指出，华迪卡的哲学人类学是一种抽象的人格主义思想，它忽视了人存在的特定社会处境。虽然华迪卡在《行动的人》的最后一章通过个人对群体参与的探讨阐述了人的社会属性，但他仍然欠缺将人置于社会历史的整体脉络中的考量，因而导致他在《行动的人》一书中表达出来的只是人类学思想的一部分，一个要素。对华迪卡的思想的另一个批评是关于其理论的现实应用的问题，即他并没有指明如何将他关于行为的理论应用到人类生活的诸多领域。虽然华迪卡在《爱与责任》一书中阐明了人的行为与爱情、性及婚姻的关系，看起来华迪卡是先解决了应用的问题之后才发展出了关于人的行为的一般理论，但是这始终不能解决行为在人生活的其他领域，诸如经济与政治等的应用问题。[99]

---

99 See, Beabout et al. *Beyond Self-Interest—A Personalist Approach to Human Action*, pp. 65-67.

尽管研究者们对华迪卡的著作和思想有许多的批评，但是对于其理论的重要价值还是有很多肯定的。一些评论者在华迪卡的著作中发现了一种要克服笛卡尔的"我思故我在"的唯我论宣称的愿望，并指出他由此重建了思考的东西与思考过程本身之间的联系。此外，另有学者指出，虽然华迪卡的理论远不是一个完整的体系，《行动的人》一书的某些部分看起来也更像草稿或框架而不是一种综合的研究，但是他关于行动的人的哲学阐释仍然值得关注与喝彩。[100]而教宗若望保禄二世的传记记者乔治·威格尔（George Weigel）更因为华迪卡凭借行动的人的理论而建立的基督教人类学称其为"伟大的若望保禄"（John Paul the Great）。[101]

2.3 小　结

综上所述，华迪卡早年的神哲学积淀主要是在伦理神学和哲学人类学上。他尤其关注婚姻伦理，他站在天主教传统神学的立场上，从人的本性、爱的真谛、贞洁的美德和人的圣召使命几个方面详细地分析了人的婚姻伦理学。在他看来，人是理性的存在，人理性地进行自我决定并按照这种自我决定进行实践就是人的本性，这也是人的尊严的基础。在人的这种本性的基础上，他分析了爱，对爱的理解是华迪卡婚姻伦理学的核心和落脚点，他分别从形而上学、心理学和伦理学三个角度分析了男女两性之间的爱情。他认为，从形而上学层面而言，爱是吸引、欲望及善意的密切综合与共存，并且这爱是相互的；从心理学角剖析人如何去爱，华迪卡指出，对人的肉体的感官享受是客观存在的，而对整体的人的情感反应则是主观的，在爱情中，二者是共存的，依照个人的自主选择而将感官享受和情感反应整合起来而形成的爱才是真正的爱；在对爱的伦理学分析中，华迪卡强调美德之爱，他将爱与责任联系起来，并将培育爱情的权柄归于天主，指出人类之爱应从属于天主的神圣之爱。在华迪卡看来，贞洁对人类之爱有着巨大的价值，他强调贞洁是一种美德，并论述了构成贞洁的羞耻和节制。在以上对人的本性、爱及贞洁的论述基础上，华迪卡阐述了他对婚姻和人的圣召使命的观点，在他看来，婚姻就要坚持严格的一夫一妻制和婚姻的不可解除性，这也是人的本性和男

---

100 See, Jaroslaw Kupczak, O.P., Destined for Liberty—The Human Person in the Philosophy of Karol Wojtyla/ John Paul II, p. 151.

101 See, George Weigel, *Soul of the World: Notes on the Future of Public Catholicism*, Grand Rapids, Mich.:Eerdmans,1996, pp. 96-97.

女之间爱的本质决定的。最后，华迪卡将爱与人的圣召使命联系在一起，并因此将人与创造者天主连接起来，他的婚姻伦理思想最终落脚到天主的爱与恩典中。华迪卡通过对婚姻伦理的详细探讨，阐明了他对人的本性及人与天主关系的根本看法，这也为他成为教宗之后发展人的尊严理论奠定了一定的基础。

　　除了伦理神学，华迪卡还有很深的哲学积淀，即表达在他早年最具代表性的著作《行动的人》一书中的哲学人类学思想。华迪卡在该书中运用现象学的研究方法考察人的行为，并试图将托马斯主义传统中将个体的人定义为一种理性存在的思想与马克斯·舍勒将人描述成各种行为的统一体的思想综合起来。他的哲学人类学思想的主题就是要阐明"人之所以为人"的基本思考，他从对个体的人的分析以及对人与他人关系的阐明两个方面探讨了人之为人。对个体的人的分析是他哲学人类学的最核心部分，他在这部分的分析中通过对人的经验、意识、行为及其效能的探讨，阐明人是自身行为的直接原因和主体，而行为也能揭示人，同时，他分析了人在其行为中的超越和整合，他强调人是自我拥有、自我管理和自我决定的，正因为这样，人才能实现自身在行为中的超越和整合。超越是对人内在的、至高价值的呼求的回应，能指导人的行为朝向善和真理。但仅仅有超越是不够的，人还应该在自身的行为中实现整合。在华迪卡看来，整合与超越是互补的，它试图维护人在本体论意义上的统一，这整合既有人身体的反应与超越的主体性间的整合，又有人心理的情感与客观事实之间的整合。除了对个体人的分析，华迪卡还分析了人与他人的关系，并着重阐明了参与这一活动，他强调这是人的社会维度。他坚持个体的人只有参与到群体中，与他人一起存在和行动才能促进自身的完满发展。总之，按照华迪卡的观点，人之所以为人既要依靠其做自己行为的主体，借着意愿的自由抉择并通过自我决定从而在自身行为的超越与整合中成就自己，又要参与到群体中去，借着与他人一起存在和行动以促进自身的发展。华迪卡的这种对人之为人的哲学阐释，为他成为教宗后关于人的所有观点奠定了坚实的基础，可以说，他任教宗后发展出的所有关于人的看法都是他早前哲学人类学的接续，如果说他的哲学人类学还只是一种抽象的人格主义观点，那么他任教宗之后结合神学和伦理学所发展出来的关于人的观点就是一个具体而丰满的神学人类学体系，而这一体系中最核心的就是他关于人性尊严的理论。

第 3 章　若望保禄二世的人性尊严理论及其实践

在上一章中，我们详细考察和分析了华迪卡早年的神哲学积淀，指出他的伦理神学和哲学人类学为他任教宗后发展出的神学人类学奠定了坚实的基础。本章中，我们将着重分析华迪卡就任教宗后所阐扬的关于人性尊严的理论，而对于人性尊严的尊重和维护正是教宗神学人类学思想的核心宗旨。我们将分三节来探讨教宗的人性尊严理论：首先，简要地概述教宗的神学人类学思想，并分析人性尊严理论在其中的核心地位；其次，我们将通过教宗所颁布及发表的一系列通谕、劝谕、讲词、文告等，总结教宗对人性尊严理论的阐述，进而归纳和阐释他的人性尊严理论；第三节中，我们将探讨教宗对人性尊严理论的实践，若望保禄二世是一位非常特殊的教宗，他周游世界，并热衷于宗教间的对话与交流。他不仅用著述来阐发对人性尊严的关注，同时也通过实际行动来践行对人性尊严的维护。

3.1 若望保禄二世的神学人类学概述

1978 年 10 月 16 日，华迪卡当选天主教会的第 264 任教宗，取名若望保禄二世。至此，他成为天主教会最高的和最权威的代表，并且，当选教宗后的他继续关注人及其尊严，因此，他的思想既是以传统的天主教神学为基本立场的，同时又是他早期思想的延续与发展。在本节中，我们将简要地概述教宗的神学人类学思想，并论述人性尊严理论在神学人类学中的核心地位。

　　从哲学家到教宗，华迪卡经历的最根本的转变是他身份的变化，他的核心观点和宗旨、他的主要见解和思想方向仍然持续地表达在他作为教宗的教导中，尤其人格和人性尊严作为一个持续的主题贯穿他的整个思想脉络。当然，身份的变化也带给他一些重要的转变，作为天主教官方的权威代表，他的人类学思想必然以天主教神学为基本立场。教宗依然关注人及其价值和尊严，只是更加强调信仰的根基，所表达的依然是他早期的哲学人类学思想，但是更加强调神学的立场，因而成就了他的神学人类学思想。教宗的神学人类学思想详细阐述并分析了从人的被造到人的堕落与被救赎的整个过程，教宗以圣经中关于人的创造的启示为其思想的基础，将至高的创造者上帝作为根本的依归，由此发展出对于人的本性和特征的种种神学阐释，同时结合了他的哲学人类学思想中对人的意识、行为及主体性的阐释。本文接下来将从圣经基础、核心关注和哲学思想等几个方面对教宗的神学人类学思想做一个简单的概述。

　　若望保禄二世将圣经中对于人的创造的启示视作其神学人类学的基础和源泉。教宗特别关注圣经旧约中的《创世纪》，他以一个虔诚信徒和委任教师的身份对圣经进行理解和阐释，他在 1979 年到 1980 年间发表了一系列针对《创世纪》的电视讲话，这些讲话后来编辑成书，命名为《男女原初的合一——关于〈创世纪〉的教理问答》（*Original Unity of Man and Woman—'Catechesis on the Book of Genesis'*）。教宗的这些电视讲话主要是针对男女的婚姻问题展开的，而婚姻问题也是神学人类学的一个组成部分。教宗在讲话中着重分析了《创世纪》中关于人的创造的两处经文（即创 1：26-29 和 2：7-25），将之视为其神学人类学的基础和源泉。在他看来，《创世纪》第一章中关于人的创造的描绘（创，1：26-28）既在神学上又在形而上学上定义了人：说它是神学的，因为它从人与神最初的和最根本的关系的方面定义了人——即人按照神的形象和样式被造；说它是形而上学的，因为"在那里人首先被定义为一种存在，人更多地是从形而上学角度而不仅是身体角度被定义"[1]，并且，教宗指出，《出埃及记》中神以"自有的"（I AM）称呼自己（出，3：14），也提供了形而上学的暗示和启迪。在人的整个被造过程中，人不仅被神宣称是好的，而且，整个世界都是为人而造的，因为人是按照神的形象创

1　*Analysis of the Biblical Account of Creation, Sept. 12, 1979, Original Unity of Man and Woman,* see, http://www.vatican.va/holy_father/john_paul_ii/audiences/catechesis_genesis/ documents/hf_jp-ii_aud_19790912_en.html

造的有尊严的存在。教宗遵循教会传统的观点，认为人被召唤管理大地而不是统治大地，且这管理权不是基于人身体的素质或精神的特质，而是基于人肖似天主这种与神的特殊关系。总之，教宗坚持，按照神的形象创造的人因此而具有了独特的尊严。

教宗将《创世纪》第二章中关于人的创造的描述（创 2：7-25）称为一种人类学的阐释，认为这种阐释为我们提供了"关于人的主观定义"[2]。从人类学意义上而言，这段关于人的创造的描述更为完整，其与《创世纪》的第三章一起，包含了人由天真无邪到堕落犯罪的转变的许多细节描绘。教宗指出，这段经文（创 2：7-25）是"关于人的自我认识的最古老的描述和记录……是关于人类良知的最初的证据……为我们提供了分析人的几乎所有核心要素，现代尤其当代的哲学人类学也对此段经文很敏感"[3]。教宗的这一惊人宣称既是在他早年从事哲学人类学研究的基础上作出的，也是他神学人类学思想的主要论据。教宗强调，这段经文不仅涉及了人的创造，而且也论到了男女的创造与合一，并且这种合一是神所钦定的，因神说："那人独居不好"必是指人身上缺少了一些关键的东西，或是指仍然需要有一些东西来使人的本性丰满和完整起来。在他看来，人的独居首先表明人与其他被造物的区别，独居彰显了人的特性，因为只有人是按照神的形象创造的。人关于自我的知识也是源自这种独一的意识中的，这种意识使人认识到自身与其他存在的区别，同时也使人在面对其他存在时感到自己的不完全。教宗特别指出："这段古老的经文以寥寥几句就刻画了人之为人所具有的主体性特征。"[4]人的这种独居的意识显明了人的主体性，他的自我知识在于他能把握自己作为一个人的现实的存在，而不是仅仅将自己定义为一个概念。教宗认为，女人的被造使人获得了所欠缺的那部分，男人和女人虽然有许多的不同，但是二者结合起来共同分享人性，人性也因此完满起来。

2　See, *The Second Account of Creation: The Subjective Definition of Man*, Sept. 19, 1979, *Original Unity of Man and Woman*, http://www.vatican.va/holy_father/john_paul_ii/ audiences/catechesis_genesis/documents/hf_jp-ii_aud_19790919_en.html

3　*The Second Account of Creation: The Subjective Definition of Man*, Sept. 19, 1979, *Original Unity of Man and Woman*, http://www.vatican.va/holy_father/john_paul_ii/ audiences/catechesis_genesis/documents/hf_jp-ii_aud_19790919_en.html

4　*Man's Awareness of Being a Person, Oct. 24, 1979, Original Unity of Man and Woman, http://www.vatican.va/holy_father/john_paul_ii/audiences/catechesis_genesis/documen ts/hf_jp-ii_aud_19791024_en.html*

　　教宗还特别分析了神交给人的两大任务：生育繁殖和管理全地，指出这两大任务既是基于人与神特殊的关系，即人是按照神的形象和样式而被造的，又与人关于自我的知识有关。生育繁殖本身也是源于创造的，按照天主教的传统观点，生育本身即是一个礼物，是神的恩。因为人是按照神的形象和样式造的，人在神眼中被看为好的，是神所喜悦的，因而神赐福给人，让人生养众多，遍满地面并治理这地。教宗指出，神赋予人管理权既是因为人是神的形象，也是因为人拥有自我知识，人对自我的认识使得人能够自我拥有、自我管理和自我决定，正如当选教宗之前华迪卡在《行动的人》一书中所强调的那样，人是具有理智和意愿的，人可以按照自己的意愿自由地行动。然而，教宗指出，在《创世纪》的第三章中，人因为错误地运用自己的自由悖逆了神而犯罪堕落，人经历了由坦然地完全向神敞开到惧怕神并因为觉得羞耻而在神面前遮蔽自己，人神之间和谐美好的关系也被破坏了，人因此完全陷入罪中。人失去了依靠自己脱离犯罪处境的能力和自由，而人的被救赎只能依靠神的恩赐，即神子耶稣通过道成肉身、代人赎罪以至死后复活而修复神人关系。

　　若望保禄二世将至高的神作为人一切的依靠和旨归，不只人的创造与救赎是神完成的，人所有的一切都是来自神的，都要依靠神，因而基督论是教宗神学人类学思想的中心。教宗在早年阐述哲学人类学思想时，从个人的经验、意识和行为入手阐明人的主体性，强调人是自我拥有、自我管理和自我决定的，并指出人生命和活动的所有方面都要以真理为基础。在教宗的神学人类学中，他依然强调人的主体性，但是他特别指出，这种真理的标准都来自于至高的神基督，因而人就具有了一种圣召使命。教宗指出，所有的人都要参与到教会中来，为基督做见证。因为教会是由个体的人所组成的，而它作为基督奥秘的身体，它的成圣必然要求每个个体的人也都成为圣洁的。他强调基督信仰的普世性，认为由至高的教宗、普通神职人员和广大平信徒们所组成的整个教会的唯一使命就是传扬基督。而人所追寻的真理都只是与神之间的关系，在这种关系中，任何世俗的权力都没有资格干涉，然而，教会仍需要抱着恳谈的态度与世俗的权力接触并彼此尊重，因为组成教会的个人都生活在世俗社会中。教宗还总结了人与自由和真理的关系，强调自由和真理之间的联系，他援引基督的教导，指出"真理必叫你们得以自由"（约8：32），没有这真理，也就没有基督徒的自由。自由和真理让基督徒们能彼此联合起来免于分裂。可见，在若望保禄二世的神学人类学中，人的一切都要朝向神，都来自神的恩赐，至高者上帝是人生命的中心和主宰，然而，人仍然是拥有自由意志的，人的自由意志和其作为神的形象的特性使人拥有了特别的尊严和荣耀，教宗在基督论的基础上肯定并高举人性尊严理论。

教宗尤其推崇并维护人性的尊严，他将对人性尊严的关注和维护作为其神学人类学的核心宗旨。如前所述，教宗早年的经历和神哲学积淀使他持续地关注人及其生存处境，他特别关怀人的尊严问题，他的传记记者也总结说他写作《行动的人》一书的目的，就是要为人的尊严和自由找到一个更坚实的哲学基础。[5]当选教宗之后，他仍然继续关注人性的尊严，甚至形成了他自己独特的人性尊严理论。他在《第一百周年》通谕中指明："从天主处，人获得了必要的尊严，以及随之而来的能力，去超越一切社会秩序，转而追寻真与善。"[6]在教宗的所有著作、训导、讲词、传道和他的游历中，他都在阐扬并实践着他的神学人类学思想，他都不断地在宣扬他对人及其尊严的尊重和维护。他反对功利主义及极权主义的观点，认为二者都是对人的压制和侵害，他 1995 年在美国演讲时指出："现代极权主义首要的是对人性尊严的侵害，这种侵害甚至到了否定个人不可剥夺的价值的地步。"[7]

同时，教宗仍然重视和强调人的行为，认为行为能使人更清晰完整地理解神圣的知识。他强调哲学思想的重要性，并于 1998 年颁布了《信仰与理性》通谕（*Fides et Ratio*），他认为理性与信仰就如人认识真理的两个翅膀，人要通过信仰认识并爱神，也要通过理性来充分地认识自己。他在通谕中指明，使人认识到自己具有认识真理的能力是完成教会和人的使命的预备。[8]教宗在阐扬他的神学人类学思想时也非常重视哲学思想的运用，特别是他早期的哲学人类学思想。按照教宗早年的哲学人类学思想，行为不仅揭示而且也成就人，只有在行为中，人才能完成自己的存在。教宗在神学人类学思想中继续

5　See, George Weigel, *Witness to Hope: The Biography of Pope John Paul II*, London: Harper Collins, 2001, pp. 172-178.

6　John Paul II , *Centesimus Annus, No. 38, see The Encyclicals of John Paul II*, Edited with Introductions by J. Micheal Miller, C.S.B., Our Sunday Visitor Publishing Division, Our Sunday Visitor, Inc., Huntington, Indiana, 46750, 1996.

7　John Paul II, *The Fiftieth General Assembly of the United Nations Organization*, Oct. 5, 1995, http://www.vatican.va/holy_father/john_paul_ii/speeches/1995/october/documents/hf_jp-ii_spe_05101995_address-to-uno_en.html

8　See, John Paul II , *Fides et Ratio*，NO.102，Pauline Books & Media, Boston, Vatican Translation, 1998, pp.124-125.

坚持这种观点，他特别重视祈祷的行为，认为这是个人灵性生活的重要组成部分，是个人与神亲近的最直接的方式。教宗自己也是一个非常注重祈祷的人，他有着虔诚而深刻的精神生活，同所有成熟的基督徒一样，祈祷也是教宗精神生活的标准和中心。在他看来，人的行为还能增进和深化纯粹的理论知识，因为有些知识必须要在适当的时候通过适当的行为才能完满地被人理解，例如，祈祷能增进人与神之间的交流；仪式能加添人荣耀的喜乐；教导能深化人们对真理的理解；艺术创作能显明人的自由；生产活动能加强生命的意义；而服务他人能传递友爱等等，以上的这些正是基督呼召每一个行动的人当行的事和当守的生活。[9]

综上所述，圣经是教宗神学人类学思想的基础，教宗按照圣经的启示对人的被造赐福、犯罪堕落乃至得蒙拯救进行了细致的阐明，并以此作为他神学人类学的根基。在这样的基础上，教宗高举基督论，将其作为神学人类学思想的源泉和中心，他强调至高者上帝是人生命的依靠和旨归，人的一切都源自上帝，都要依靠他。此外，教宗仍继续关注人及其尊严，他把维护人的尊严和自由作为自己的使命，人性尊严理论是他神学人类学思想的核心宗旨。同时，在教宗整个神学人类学思想的阐释中，哲学思想都是不可或缺的一部分。神学人类学思想是他早年哲学人类学思想的延续，而作为教宗的特殊身份使得他必须要站在天主教神学的立场上来重申自己对人的关注，但是他仍然坚持自己的哲学观点，即用行为来揭示和定义人。教宗的哲学观点加上他的神学立场以及他对人的伦理关注构成了他独特而丰满的神学人类学体系。

以上就是对教宗神学人类学的一个概述，本文接下来将详细分析和阐述作为其神学人类学核心宗旨的的人性尊严理论。我们知道，教宗的一生都在致力于维护人性尊严，他借着自己的所有言行来阐扬和践行人性尊严的理论。曾有学者指出，如果有一个词能囊括若望保禄二世完全献身耶稣基督的所有希冀，那这个词就是"人性尊严"[10]。

---

9 See, Kenneth L. Schmitz, *At the Center of the Human Drama—The Philosophical Anthropology of Karol Wojtyla/ John Paul II*, The Catholic University of America Press, Washington, D.C., 1993, p. 120.

10 See, David Aikman, *Great Souls: Six Who Changed the Century*, World Publishing, Nashville, London, Vancouver, Melbourne, 1998, p. 261.

3.2 若望保禄二世的人性尊严理论

教宗若望保禄二世在他长达约 26 年半的任期内共颁发了许多的文件，包括 14 份教宗通谕、15 份宗座劝谕、11 份宗座宪令，45 份宗座牧函以及上百份的各类文告信函，并发表了无数次的讲演，他还创作并出版了五部有影响力的著作[11]。教宗所颁布的文件及写作的书籍虽然都在阐述不同的问题，涉及的领域也包括神学信仰、伦理学及社会学等等，但是这些文件都有一个核心的原则或宗旨，即关注并维护人及其尊严。教宗始终将对人性尊严的维护视作自己的核心宗旨和使命，他在诸多文件中对人性尊严的阐述主要分为几个方面，即从神学立场和哲学分析的角度阐明人何以具有尊严，并结合人现实的生存处境论述该如何维护人性的尊严，最后，教宗还特别提及了对个别社群尊严的关注和维护。本节中，我们将从上述三方面铺展开来，按照教宗自己的阐述总结他的人性尊严理论。

3.2.1 若望保禄二世对人性尊严的阐释

教宗对人性尊严的关注与维护是他神学人类学的核心宗旨，因而教宗对人性尊严的阐述和分析也必在他的神学人类学框架中展开，即以圣经的启示为基础，将基督论作为中心，同时结合他对哲学思想的重视和强调。然而，在探讨教宗对人性尊严的阐释之前了解一下天主教发展过程中对于人的尊严的观点是必要的。按照天主教历史上最伟大的神学家托马斯·阿奎那的观点，人有三重尊严：第一重是人因为按照神的形象和样式被造而具有的尊严；第二重是人虽然是以一种不完满的方式，但依然顺服神的恩典而能认识并爱神而享有的尊严；第三重是人因为完全与神合一而具有的尊严，这是进入天国者的尊严。[12]而根据梵二大公会议的教导，人具有两重尊严，其一是人内在的尊严，是来自天主的恩赐和赠与的，可称为先天的尊严（connatural dignity），而另一重尊严也是内在的，但是人自己获得或实现的，可称为存在的尊严（existential dignity）。[13]教宗若望保禄二世对人性尊严的阐释是以天主教会的传统为根基的，特别是依照梵二会议的教导的，他对人的尊严的阐释主要与

---

11 参见本文第一章第一节中对教宗的介绍.

12 See, William E. May, *An Introduction to Moral Theology*, Forword by Cardinal James A. Hichey, Our Sunday Visitor Publishing Division, Our Sunday Visitor, Inc., Huntington, Indiana 46750, 1994, p. 40., note, 1.

13 Ibid., p. 23.

梵二所论的人的先天尊严和存在的尊严两方面相关。教宗站在天主教传统神学的立场上，并从至高的创造者天主和作为被造物的人两个角度分析人何以能具有尊严。他以圣经中对人的创造的启示为权威依据，坚持至高的天主是人性尊严的根本源泉：人是天主的肖像，天主赋予了人以尊严。同时，他从哲学分析的角度阐明了人是理性的存在，是自身行为的主体，因为天主赐予了人认识自身和真理的理性能力和欲望，人能因着对天主的认识和爱而越发完满地认识自身，这也是使人具有尊严的重要因素。

教宗在论述人性尊严时曾反复引用《论教会在现代世界牧职宪章》（*Constitutio pastorali De Ecclesia in mundo huius temporis*）（即《喜乐与希望宪章》，*Gaudium et Spes*）的第 22 章，尤其是这一部分的开头段落："诚然，除非在天主圣言降生成人的奥迹内，人的奥迹是无从解释的。第一个人：亚当，是未来亚当：主耶稣基督的预像。新的亚当：基督，在揭示圣父及其圣爱的奥迹时，亦替人类展示了人之为物和人的崇高使命。无怪乎，一切上述真理，均以基督为基石、为极峰。他号称为'无形天主的肖像'（哥，1：15）[14]，是一个完人；他将因原罪损坏的相似天主的肖像，给亚当子孙恢复起来了。就因为他曾取了人性，而并未消灭人性，故我们所有人性，亦被提升至崇高地位。"[15] 这一段论述显明了教宗关于人性尊严教导的三个要点：即，首先，它显明了教宗对人是"按着天主的肖像"被造的重要性的强调，这也是教宗对人性尊严理解的基础，而且这一点也只有在基督借着"肖似上帝"的人的形象再来中才能得到清晰地表达。其次，教宗强调，基督是通过启示"天父和他的爱"来启示人，这一启示被用来启示基督自己同父的关系。最后，教宗坚持认为人的尊严只有在基督对人命运的启示中才能得到更深地揭示。把握了教宗关于人性尊严教导的要点和核心，我们接下来将详细阐明教宗对人的尊严的神学阐述和哲学分析。

首先，教宗指出，人的尊严的基础和源泉就是人是按照"天主的形象创造的"。他以圣经的启示为基础，强调人因为按照神的形象和样式被造，被神赋予了独特而不容侵犯的尊严。教宗在他所颁布的诸多文件中多次阐明了这种观点，在《妇女的尊严与圣召》牧函中，教宗引领大家回到圣经"太初"

---

14 注：天主教圣经思高版，新约，哥罗森书.（Colossians）

15 《论教会在现代社会牧职宪章》，第一部分第 22 章，载《天主教梵蒂冈第二届大公会议文献》，天主教上海教区光启社，2001 年 12 月.

的背景中，借着对创世纪中关于人的创造的启示，即"天主于是照自己的肖像造了人，就是照天主的肖像造了人：造了一男一女。天主降福他们说：'你们要生育繁殖，充满大地，治理大地，管理海中的鱼、天空的飞鸟、各种在地上爬行的生物！'"（创，1：27-28），指出"……人是整个创造秩序的顶点，人类，其原始来自一男一女的存在，是整个造物工程的冠冕；男人和女人地位平等，同是照天主的肖像受造的人。天主的肖像和模样，对人来说是重要的，是由为夫妻为父母的男女传给他们的后代……造物主把治理大地的权能托付给人类，一切的人，所有的男人和女人，他们从共同的'肇始'获得他们的尊严和圣召。"[16]在教宗看来，虽然人因着罪而扭曲了天主的肖像，破坏了天主赐下的尊严，但天主对人的爱仍坚定不移，"他的爱是没有止境的，他派遣独生子耶稣来救赎每一个人，恢复每一个人全部的尊严"[17]。在教宗看来，耶稣基督是天主的肖像，"是将亚当的子孙因罪而被扭曲的天主的肖像重新恢复过来的完人。在圣言的天主性位格所摄取的人性中，除了罪恶之外，众人所分享的人性，已被提升到无上的尊严：'因天主圣子的降生成人，在某种程度上，他同每一个人都合在一起。他曾用人的双手作工，用人的头脑思考，用人的意志行事，并用人的心肠爱人。他既生于童贞玛利亚，就真实的成为我们当中的一员，除了罪过以外，在一切事上，他都与我们相似'。"[18]

教宗在《生命的福音》通谕（*Evangelium Vitae*）中也表述了同样的思想，他说："人与造物主藉亲密的结合，得到了至高的尊严：在人身上，闪耀出天主本身的映象"，同时，他强调："天主赐给人的生命，是一件礼物，借着这恩赐，天主与受造物分享他本身的某些部份"。[19]教宗在这里表达了这样的思想，即，我们的创造不仅意味着我们拥有一种独特的生命，而且意味着

16　Pope John Paul II, *On the Dignity and Vocation of Women*, NO.6, Pauline Books & Media, Boston, Vatican Translation, 1988, p. 22.

17　Pope John Paul II, *Respect for Human Rights: The Secret of True Peace*, Message of His Holiness Pope John Paul II for the Celebration of the World Day of Peace, No.13, Jan, 1, 1999, http://www.vatican.va/holy_father/john_paul_ii/messages/peace/documents/hf_jp-ii_mes_14121998_xxxii-world-day-for-peace_en.html

18　教宗若望保禄二世，《第三个千年来临之际》牧函（*Tertio Millennio Adveniente*），第 4 节，1994 年 11 月 10 日，http://www.vatican.va/holy_father/john_paul_ii/apost_letters/documents/hf_jp-ii_apl_10111994_tertio-millennio-adveniente_zh.pdf

19　See, 教宗若望保禄二世，《生命的福音》通谕，第 34 节，1995 年 3 月 25 日，http://www.vatican.va/edocs/ENG0141/_PF.HTM

这种生命被命定地在分享上帝自己的生命中达到圆满。教宗强调，每个人的生命都是上帝赐下的礼物，人都活在一种完全依靠神的关系中。如果人能理解这点，就能认识到人只有与上帝和好才能完全享受生命。教宗还经常引用《论教会在现代世界牧职宪章》的第一部分第24章，指出"唯有人是天主为人的本身而喜爱的受造物"。人不同于其他受造物，因为"人的本性是在寻找真理。这种寻找不只为获取部分的、经验的，或科学的真理；人也不只为个别的决定来寻找真理。他的寻找朝向进一步的，可以用来解释生命意义的真理，因此，这种寻找最后只能止于'绝对者'。"[20]这里的"绝对者"就是指至高的天主，人的理智能力以及人的身体都是神赐下的，是神所喜悦的，而人也只有不断地朝向天主，朝向作为真理的耶稣基督，才能使自己作为人而达至完满，教宗也深信这是神所喜悦我们做的事。教宗在《"论基督信友平信徒"》劝谕中总结了作为创造者的天主在人性尊严中的核心地位，他说："从人的起源和终向来看，人性的尊严显示出光彩：他是依天主的肖像所造，为基督的宝血所赎，人被召成为'在圣子内的子女'和圣神的活圣殿，预定要永远与天主合一。"[21]

总之，在教宗那里，人所具有的尊严是以"人按照天主的形象和样式被造"并"为基督的宝血所救赎"为基础和核心的，这一尊严既将人的生命作为一种独特的生命与至高的创造者紧密地联系起来，指明了人生命的基本方向就是朝向天主，同时强调每个人的生命都是天主赐予的礼物，人不是从属于其他造物的，而是受命于天主来管理和治理全地的。人的这种尊严还显示出天主赐予人认识真理和获得自由的能力，这些能力是人命定具有的，而人要实现这些能力则必须进入到对天主的认识和爱的分享中。按照教宗的观点，创造者天主是人能具有尊严的源泉和基础，人的被造与被救赎彰显出人与天主的亲密关系以及天主对人的不止息的爱，这也正是人能具有尊严的根本原因。

从创造者天主的角度阐述了人的神圣尊严后，教宗则转向作为被造物的人，继而从人的角度阐述人如何实现自身的尊严，即人如何在行动中表达这种尊严。人的尊严的实现关系到人如何有尊严地生存，它与神赐的尊严是一

---

20 John Paul II, *Fides et Ratio*, No.33, Pauline Books & Media, Boston, Vatican Translation, 1998, p. 45.

21 教宗若望保禄二世,《"基督信友平信徒"劝谕——论平信徒在教会与世界中的圣召使命》第37号, 1988年12月30日, http://www.vatican.va/holy_father/john_paul_ii/apost_exhortations/documents/hf_jp-ii_exh_30121988_christifideles-laici_zh.pdf

致的，并且是紧密联系在一起的，换言之，它亦是以至高的创造者为基础和中心的。教宗指出，在原初的创造中，"……使人肖似天主的事实是——不同于整个其他生物界，包括那些有感觉的生物——人是理性的动物。由于这个专有性，男人和女人能够'统治'可见的世界上的其他受造物（参创 1：28）。"[22]教宗特别强调人与其他被造的区别，人不只分享了天主的肖像，而且从天主那里获得了理性的恩赐，他将人置于被造世界的核心地位，他说："在世上所有的生物中，只有男人或女人是一个'位格'，一个有意识及自由的人，也因此成了世上所有一切的'中心和颠峰'。"[23]教宗在从人的视角分析人性尊严时，仍然一如既往地充分肯定人的主体性和自由意志，正如他在哲学人类学中所做的那样，他在自己颁布的许多教导中强调这点，他甚至指明，"……在人类历史上，天主的一切行动无时不尊重人性'我'的自由意志"[24]，在他看来，"从天主处，人获得了必要的尊严，以及随之而来的能力，去超越一切社会秩序，转而追寻真与善。"[25]教宗一直强调，"人不是被利用的'物品'或是'客体'，而主要是一个负责任的'主体'，一个有良知和自由的，被召负责地在社会和历史中生活，并且导向属灵的及宗教的价值。"[26]"由于人格尊严，人本身就是价值，个人要求被视作是人，受到人的对待，绝不可被视为客体、工具或是物体来对待。"[27]他引梵二会议的教导，阐明"人性尊严要求人有意识的自由抉择而行事，犹如出于个人衷心悦服而行事，而非出于内在的盲目冲动，或出于外在的胁迫而行事。人将自己由私欲的奴役中解放出来，并以自由选择为善的方式、追求其宗旨，同时，又辛勤而有效

22　Pope John Paul II，*On the Dignity and Vocation of Women*，NO.6，Pauline Books & Media, Boston, Vatican Translation, 1988, p. 22.

23　教宗若望保禄二世，《"基督信友平信徒"劝谕——论平信徒在教会与世界中的圣召使命》第 37 号，1988 年 12 月 30 日，http://www.vatican.va/holy_father/john_paul_ii/ apost_exhortations/documents/hf_jp-ii_exh_30121988_christifideles-laici_zh.pdf

24　Pope John Paul II，*On the Dignity and Vocation of Women*，NO.4，Pauline Books & Media, Boston, Vatican Translation, 1988, pp. 18-19.

25　John Paul II ,*Centesimus Annus*, No. 38, *see The Encyclicals of John Paul II*, Edited with Introductions by J. Micheal Miller, C.S.B., Our Sunday Visitor Publishing Division, Our Sunday Visitor, Inc., Huntington, Indiana, 46750, 1996.

26　教宗若望保禄二世，《"基督信友平信徒"劝谕——论平信徒在教会与世界中的圣召使命》第 37 号，1988 年 12 月 30 日，http://www.vatican.va/holy_father/john_paul_ii/ apost_exhortations/documents/hf_jp-ii_exh_30121988_christifideles-laici_zh.pdf

27　同上.

地运用适宜的手段，这样的人才算拥有人性尊严。"[28]总之，教宗强调人的位格、主体性及自由意志，认为这是人获得存在尊严的决定性要素。

人虽然从天主而获赐了理性和自由意志，然而，按照圣经的记载，人却因为错误地运用自由意志而悖逆上主，切断了自己与作为智慧和爱之神圣根源的天主之间原初的联系。因而，人一出生就因着始祖的原罪而处于远离天主的处境中。在《主及赋予生命者》通谕（*Dominum et Vivificantem*）中，教宗深入地分析了原罪及其带来的严重后果，他指出："……尽管创世的见证，以及与创世俱来的救恩计划的见证，黑暗之神是有能力指明天主就是他自己创造物的敌人，首先是人的仇敌好像是对人构成威胁和危险的来源。以此方法撒旦设法在人的灵魂播植敌对的种子，'从起始'天主就被视为是人的仇敌，而不是慈父。人被挑唆成为天主的敌手！罪在其原始幅度上的分析指出，由于'撒谎之父'的影响，在人类历史的过程中，人不断地遭遇抗拒天主的压力，甚至达到怨恨他的程度：诚如圣奥斯定所指，'私爱自己达到对天主蔑视的程度'。"[29]在这里，教宗清晰地指明，人因为原罪的关系已经失去了原初的与天主如同父子般的亲密关系，人将天主置于敌对而不是慈父的位置，甚至蔑视天主。但是人不知道的是，当人们失去了对天主的意识后，对人的意识也将受到威胁和破坏，教宗引用《论教会在现代社会牧职宪章》的表达："受造物而无造物主，势必等于虚无……人一旦忘掉天主，受造物便晦暗无光。"[30]总之，在原罪的影响下，人的理性黑暗，自由被破坏，不仅人与上主的关系被割断，甚至会因此危及人与人的关系。在《生命的福音》通谕中，教宗强调："人藉罪恶反抗造物主，最后还崇拜受造物偶像：'他们将虚妄变作天主的真理，去崇拜事奉受造物，以代替造物主'（罗,1：25）。结果人不但使天主在他自己身上的肖像变形，而且也禁不住要冒犯天主在别人身上的肖像，把彼此共融的关系，代以不信任、冷漠、敌意，甚至恶之欲其死的恨意等态度。当人不再承认天主为天主，就辜负了'人'的深长意义，

---

28 John Paul II, *Veritatis Splendor*, No.42, Aug, 6, 1993, http://www.vatican.va/edocs/ENG0222/__P5.HTM，注，凡下文中援引教宗的通谕的英文版本，其中译文皆参照中文天主教门户网站——天主教在线上关于教宗通谕的译本，具体网址为http://www.chinacath.org/book/html/47/content.html，下同.

29 John Paul II, *Dominum et Vivificantem*, No.38, 18, May, 1986, http://www.vatican.va/edocs/ENG0142/__PB.HTM

30 教宗若望保禄二世,《生命的福音》通谕, 第22节, 1995年3月25日, http://www.vatican.va/edocs/ENG0141/__PF.HTM

也殃及人与人之间的共融。"[31]教宗认为，原罪是现代社会的人们将人性尊严排除在人自主行动之外的广泛趋势的最深层根源。罪使得人否定自身身体存在的内在价值，并因此创造了一个"位格存在"（personal existence）和"仅仅是生物的存在"（merely biological existence）的二元主义[32]，人类社会的和谐被极大地破坏了。并且，因着这原罪及其带来的严重后果，人对自身存在尊严的实现已成为不可企及。

教宗指出，人要恢复自身存在的尊严只能依靠基督的救赎。人必须敞开自己接纳基督——即天主的完美肖像，才能在自身内恢复天主的肖像，也因此，人才能自由地分享天主无私的爱。他强调这爱对人而言是极其重要的，"没有爱，人不能生活、他会成一个不了解自己的人，他的生命会毫无意义。……这就是救赎奥迹的人性幅度，在此幅度中，人重新找到了属于人类的伟大、尊严和价值。……他应该把他整个的进入基督内，他应该"占有"并吸取整个降生和救赎的实体，为的能找到自己。"[33]在教宗看来，人存在的尊严的实现只有当人在基督内转变自己才是可能的，这种转变能使人活在天主爱的秩序中。按照教宗的观点，这转变的根本就是要皈依，即信仰的表达。教宗在《救主的使命》通谕中分析了皈依的重要意义，他指出："皈依是天主的恩典、天主圣三的工作。是圣神开启人们的心，使他们能相信基督并'明认他'…… 从一开始，皈依就在完整的和彻底的信仰上表达出来，它不限制也不阻碍天主的恩典。同时，皈依激发活泼和终生的进程，要求不断地背向"依照肉欲的生活"而转向'依照圣神的生活'（罗，8：3-13）。皈依意谓由个人决定接受基督拯救的至高权力，并成为他的门徒。"[34]教宗还特别指明，这种"接受基督拯救的至高权力"不能只停留于表面的追随和尊崇，而是要人全身心地去效法基督，他说："跟随基督不是外表的效法，因为是属于人心灵深处的。作耶稣的门徒，就是怀有耶稣基督的心情，他成了仆人、甚至在十字架上

---

31 同上，第 36 节.

32 See, Christopher Tollefsen, University of South Carolina, Colunbia, Sc, U.S.A., edited, *John Paul II' s Contribution to Catholic Bioethics*, Springer, 2004, p. 16.

33 教宗若望保禄二世，《人类救主》通谕，第 10 节，1979 年 3 月 4 日，http://www.vatican.va/holy_father/john_paul_ii/encyclicals/documents/hf_jp-ii_enc_04031979_redemptor-hominis_zh.pdf

34 教宗若望保禄二世，《救主的使命》通谕，第 46 节，1990 年 12 月 7 日，http://www.vatican.va/holy_father/john_paul_ii/encyclicals/documents/hf_jp-ii_enc_07121990_redemptoris-missio_zh.pdf

奉献了自己（斐，2：5-8）。基督借着信德居住在信者心里（弗，3：17），就这样门徒与主相似。这是圣宠的效果，也是在我们内工作的圣神临在的效果。"[35]

在对基督的皈依和效法中，教宗重视人的行为的作用，他指出："……正是经由人的行为，人达成其所以为人的完美，因为人被召叫，'自动地寻求天主，并自由地皈依天主，而抵达其幸福的圆满境界'。人的行为就是伦理的行为，因为它们表达并确定行为人的好坏。它们不只是改变人的外在的形势，而且因为它们是自由的选择，因此给予行为人伦理的界定，确定他深刻的灵性特征。[36]"在这里，教宗继续坚持他早期的哲学人类学观点，认为人因为能自我拥有、自我管理而能做出自我决定，自由地实施自己的行为，因而人是自身行为的主体，而人的行为也决定并揭示人。人对基督的皈依和效法是人自己做出的自由选择，是人作为主体而实施的行为，因而对人实现自身的尊严至关重要。除了人的行为之外，教宗还特别强调人的道德良心。在教宗看来，人的良心能依据真理的标准而判断人当做的事和当避免的事，因而对实现人的尊严起着决定性的作用。他在《主及赋予生命者》通谕中反复论及了良心的重要作用，他说："藉着圣神的德能，'关于罪恶的指证'同时成了'有关罪恶赦免的见证'。伯多禄在耶路撒冷的讲演召唤人们悔改，就如耶稣开始默西亚使命活动召叫他的听众悔改一样。悔改需要对罪的信认！包括良心内在的判断，这是真理之神在人心灵深处行动的证明，同时也成为获得恩宠和圣爱的新开始：'你们接受圣神罢！'因此，从'关于罪恶的指证'来看，我们发现双重恩典：良心真实性的恩典，及赎罪确实性的恩典。真理之神就是护慰者。"[37]他结合梵二大公会议对人的尊严和良心的教导，阐明良心对人尊严实现的决定作用，他指出："梵二大公会议，当其论及人的职责，尤其是有关人格的尊严时，谈到天主教有关良心的训导，尤其良心决定人格尊严。因为良心是'人的最隐密的核心和圣坛，在那里人单独与天主会晤，而天主的声音响彻于良心深处'，'在必要时，便告诉人心：这事应当执行，那事应当避免'。由造物主安置于人肉心这行善及避恶的指

---

35 教宗若望保禄二世，《真理的光辉》通谕，第 21 节，1993 年 8 月 6 日，http://www.vatican.va/edocs/ENG0222/__P3.HTM

36 教宗若望保禄二世，《真理的光辉》通谕，第 71 节，1993 年 8 月 6 日，http://www.vatican.va/edocs/ENG0222/__P8.HTM

37 John Paul II, *Dominum et Vivificantem*, No.31, May, 18, 1986, http://www.vatican.va/edocs/ENG0142/__PA.HTM

挥能力，是人格主体的主要特征。……在这意义上，良心才是'秘密圣坛'，'天主的声音响彻'其中。良心是'天主的呼声'，即使人认识良心仅仅是伦理秩序的准则，这点谁也不会疑惑；即使对造物主没有任何直接的敬重。良心通常发现其基础与评会正因为有此认识。"[38]教宗在《真理的光辉》通谕中继续论述了人的这种良心要在主基督为所有的人舍身的爱德中培育。他强调基督是天主的德能和智慧（参格前，1：24），认为基督揭示了自由的真正意义，并召叫门徒一同分享他的自由。这自由是以爱和基督的整个生命启示给人的，因为基督自由地迎向受难，并在十字架上听命于圣父，为众人舍弃生命。教宗将基督舍身的恩宠视作教会取之不竭的泉源，号召教会和每位基督信徒都来参与被钉十字架的基督的任务，分享他的恩宠和责任。[39]教宗借此总结了基督信仰的真谛，指出："……那不是单纯的由理性同意接受的一些条文。信仰却是活出对基督的认知，对他诚命的活的记忆，要生活出的真理。一句话，在任何事上，不能算真的被接受，除非此话见诸实行，除非真的实践。信德就是包含一个人整个存在的决定。信仰是信者同耶稣基督、道路、真理与生命 （参若，14：6）的相遇、交谈、相爱与生命的共融。它引发完全信靠耶稣基督的行为，他使我们能活出他的生活（参迦，2：20），也就是深爱天主和我们的弟兄姊妹。"[40]

　　教宗除了强调和重视人的行为和人的道德良心在实现人的尊严上的关键作用外，他还特别提及了苦难在这个过程中所扮演的重要角色。在教宗看来，人的痛苦是与原始的罪过紧密联系在一起的，虽然基督以十字架上的牺牲和复活为人赎了罪并战胜了死亡，但是却并没有废除人生现世的痛苦，他甚至更以自己在十字架上的苦难使人类的痛苦达到了巅峰，同时，教宗也指出，人类的痛苦借着基督的苦难也进入了一个全新的幅度和一个新的秩序：痛苦与爱连结在一起了。在教宗看来，基督以受苦的方法将至高者无上的爱表达出来，正是在基督受苦的十字架上，爱不断地流露出来。[41]人在现世的痛苦是

---

38 Ibid., No. 43.

39 参见教宗若望保禄二世，《真理的光辉》通谕，第 85-87 节，1993 年 8 月 6 日，http://www.vatican.va/edocs/ENG0222/__P8.HTM

40 教宗若望保禄二世，《真理的光辉》通谕，第 88 节，1993 年 8 月 6 日，http://www.vatican.va/edocs/ENG0222/__P8.HTM

41 See John Paul *II, Salvifici Doloris,* No.18, Feb, 11, 1984, http://www.vatican.va/holy_father/john_paul_ii/apost_letters/documents/hf_jp-ii_apl_11021984_salvifici-doloris_en.html

对基督苦难的分担，这痛苦不会损害人之为人的尊严，反而能帮助人更好地实现自身的尊严。因为，"分担基督痛苦的信德，带来内心的确定，使受苦的人感到'他补充基督的苦难所欠缺的'；这种对救赎工程精神幅度的确定，使他像基督一样，为他的兄弟姊妹们的得救而服务。"教宗强调这痛苦对人实现在基督内转变的价值，他说："痛苦比其他一切更能为改变人灵的圣宠铺路。痛苦比其他一切更能使救赎的德能，临于人历史之中。"[42]因为这痛苦的存在就是为了激起人的爱心，将人类社会变为"爱的社会"，在这样的爱中，痛苦的救赎意义才算完全实现。教宗总结道："……基督救赎的痛苦是人类一切痛苦的根底。基督说：'你们是为我做的'。他自己是在每位身上经验到爱的一位；任何受苦的人得到帮助时，是他自己接受帮助。他临在于每一个受苦的人身上，因为他救赎的痛苦曾一劳永逸地为每个和所忍受痛苦人开放。所有受苦的人，一齐被召'分担基督的苦难'，就像所有的人被召以自己的痛苦'补充'那'基督的苦难所欠缺的'。同时基督教导人：用自己的痛苦去行善，并为受痛苦的人行好。在这双重的观点下，他完全启示了痛苦的意义。这是痛苦的意义，它实在是超性的而又是人性的。它是超性的由于它扎根在世界救赎的神性奥迹上，但也非常地具有人性，由于在痛苦中，人发现他自己，他自己的人性，他自己的尊严，和他自己的使命。"[43]

总之，在教宗看来，人被天主所造并与其他的造物分别开来，因为天主赐予了人类以理性和自由意志，因而人能通过自由的行动而实现自身的尊严。然而，人类的始祖因为错误的运用自由意志而犯罪堕落，进而使自身的理性和意志受到破坏，乃至使人不能实现自身的尊严。而主基督则用自己的爱和苦难在十字架上为人赎了罪，修复了人与至高的创造者之间的关系，人又重新获得了能力和意志。教宗强调，借着基督被救赎的人类必须在基督内实现转变才能实现人之为人而由天主赐予的尊严，要实现在基督内的转变就要人运用自由的选择而全身心地皈依基督，并在基督的爱德中培育人的道德良心，最后还要在痛苦的过程中发现并实现人的尊严。

---

42 John Paul II, *Salvifici Doloris,* No.27, Feb, 11,1984, http://www.vatican.va/holy_father/john_paul_ii/apost_letters/documents/hf_jp-ii_apl_11021984_salvifici-doloris_en.html

43 John Paul II, *Salvifici Doloris,* No.30-31, Feb, 11,1984, http://www.vatican.va/holy_father/john_paul_ii/apost_letters/documents/hf_jp-ii_apl_11021984_salvifici-doloris_en.html

综上所述，教宗从至高的创造者和作为被造者的人两个角度阐明了人性尊严。他从创造者的角度阐明天主是人性尊严的根源和基础，因为人是按照天主的形象和样式被造，并且因其本身的缘故而被天主喜爱的造物，人的整个生命都是天主的恩赐。因此，人能拥有人性的尊严，而天主对人的爱与救赎更是坚固了人的这种尊严。此外，教宗从人的角度分析了人如何能实现自身的尊严，教宗重视人的自由意志和行为对人实现尊严的重要性。他强调人是具有理性能力的被造物，人能通过自由行动实现自身的尊严，而这自由行动就是在基督内的转变。教宗指出，实现在基督内转变的三个要素即是：对基督的完全皈依，运用自身的道德良心以及在痛苦的过程中发现尊严。教宗在《人类救主》通谕中的论述可以总结他对人性尊严的基本立场和观点，他说："……在基督内并藉着基督，天主将自己完全启示给人类，并且决定性地与人类接近；同时在基督内并藉着基督，人完全意识到自己的尊严，提升他自己人性的超越价值以及他自己存在的意义。"[44]

3.2.2 若望保禄二世论维护人性尊严

如上所述，教宗从神学基础和哲学分析两个角度阐明了人是具有尊严的，并且，他将人性尊严视作一个人最宝贵的所有，认为一个人的价值远超越一切物质的世界，他强调人性的尊严是神圣不可侵犯的，接下来我们将探讨教宗对如何维护人性尊严的论述。教宗神学人类学的核心宗旨就是要尊重和维护人性的尊严，他将维护人性尊严视作每一个人的职责，他指出："……在我们自己的历史环境中，我们有责任确保每一个人都能享受人性尊严所需要的自由、休息和消遣，以及与人性尊严相连的宗教、家庭、文化和人际关系的需求……"[45]。教宗论述该如何维护人性尊严的基本思路可以概括为：他通过不断地号召人们尊重他人的神圣尊严来实现人自己的生存尊严。他在其主题多样的训导中对维护人性尊严的教导是非常杂多而具体化的，但是我们可以将其总结概括为教宗论维护人性尊严的三点原则，即，坚持自由是维护

---

44 教宗若望保禄二世，《人类救主》通谕，第 11 节，1979 年 3 月 4 日，http://www.vatican.va/holy_father/john_paul_ii/encyclicals/documents/hf_jp-ii_enc_04031979_redemptor-hominis_zh.pdf

45 John Paul II, *Dies Domini,* No.66, May, 31, 1998, http://www.vatican.va/holy_father/john_paul_ii/apost_letters/documents/hf_jp-ii_apl_05071998_dies-domini_en.html ，注，本文所引用的教宗牧函的英文版，其中译文皆参照天主教在线上面关于教宗牧函的中译版本，网址为 http://www.chinacath.org/book/html/33/content.html.

人性尊严的基础和条件；认为对人的权利的维护是实现人性尊严的根本保障；提出参与和爱是维护人性尊严的基本方式。

首先，教宗特别强调自由对维护人性尊严的基础作用。他将人类的问题最终都归为自由的问题，指出现代人自由意识的增强，他说："人类的问题，在现代伦理反省中最争论而有不同结论的，都与一个问题相关联，虽然方式不同；那就是人的自由。无疑的，我们现代人都体会到自由的特别意识，'现代的人们日益意识到人格的尊严'，如同以人格尊严开端的梵二论信仰自由宣言所揭示的。因此，'要求在行动上不受外在的压力或驱策，只受责任和良知的引导，而能享用自己负责的决断和自由'"[46]在教宗看来，人之为人的根本就在于人能自由地实施行为，人能通过自己的意志做出自由的选择和决定，这是人的本性。如果没有自由，人也就不成其为人了。他将自由作为人最高尚的权利，说："首先谈到私人选择，所有的人在有意识选择的行动中必须能够表达自己，每人依据他或她自己的良心作判断。如果没有自由，人的行动会变成既空虚也无价值。造物主赋予人的自由，是给人追求何者为真的能力，人运用其智能，尽量拥抱其天性所感发的善事，不该屈服于不当的压力、箝制，或任何方式的暴力。"[47]按照教宗的观点，人作为自身行为的主体的必要条件就是自由，而人性尊严作为人的特性，要实现和维护人性尊严必须以自由为必要的条件和基础。教宗在他的训导中多次强调这点，他在《人类救主》通谕中说："……人的真正自由，并不在许多制度和个人所看和所宣称的自由中找到；因着教会的神性使命，她却成了此自由的保护者，而自由是人性真正尊严的条件和基础。"[48]而在《真理的光辉》通谕中他也宣称："自由是受造物形象的组成部分，是人性尊严的基础。"[49]然而，教宗也指出，

---

46 教宗若望保禄二世,《真理的光辉》通谕，第 31 节，1993 年 8 月 6 日，http://www.vatican.va/edocs/ENG0222/__P8.HTM

47 John Paul II, *Religious Freedom: Condition for Peace, Message of his holiness for the celebration of the World Day of peace*, the first section, Jan,1, 1988, http://www.vatican.va/holy_father/john_paul_ii/messages/peace/documents/hf_jp-ii_mes_19871208_xxi-world-day-for-peace_en.html，注，本文所引用教宗文告的英文，其中译文皆参照天主教在线上关于教宗文告的中译版本，网址为 http://www.chinacath.org/article/doctrina/letter/ .

48 教宗若望保禄二世,《人类救主》通谕，第 12 节，1979 年 3 月 4 日，http://www.vatican.va/holy_father/john_paul_ii/encyclicals/documents/hf_jp-ii_enc_04031979_redemptor-hominis_zh.pdf

49 教宗若望保禄二世,《真理的光辉》通谕，第 88 节，1993 年 8 月 6 日，http://www.vatican.va/edocs/ENG0222/__P8.HTM

对自由的过分高举，使其成为绝对之物乃至一切价值的本原，从而给予个人判决善恶的无上特权，这种思想潮流则偏离了人是受造物，是天主肖像的真理，应以信德加以修正和净化。

为了避免将人的自由和意志绝对化，教宗特别把人的自由与真理联结起来。他强调人虽然拥有自由选择和决定的能力，但是这种自由必须以真理作为标准，他援引圣经中耶稣的教导，阐明真理对于自由的重要性，他说："耶稣基督以同样的话：'你们要认识真理，而真理将使你们自由'（参若，8：32）会晤每一时代的人，包括我们这时代的人。这些话含有主要的要求和警告：要求对真理的诚意作为真正自由的条件，警告避免任何虚幻的自由，任何肤浅的片面自由，任何忽视有关人和世界全部真理的自由。"[50]他在《信仰与理性》通谕中也指明："人一旦失去真理，自由必成幻影。实际上，真理与自由，或携手并进，或悲惨地同归于尽。"[51]按照教宗的观点，人是天主的肖像，人的自由也源自天主，人对天主的服从才更能体现这自由，才符合人的身份。他说："人的自由，因为是按天主的自由而仿造，不但不因为服从天主的法律而遭否定，反而藉此服从，使自由在真理中存在，并符合人的身分。如同梵二明白声称的：'人性尊严要求人有意识的自由抉择而行事，犹如出于个人衷心悦服而行事，而非出于内在的盲目冲动，或出于外在的胁迫而行事。人将自己由私欲的奴役中解放出来，并以自由选择为善的方式、追求其宗旨，同时，又辛勤而有效地运用适宜的手段，这样的人才算拥有人性尊严'。"[52]同时，教宗还强调："在自由内仍回响着造物主的声音，叫人向真善，尤其因基督的启示，更进而与他作朋友，分享他的天主性生命。这同时是，不能转让的独自占有的，而又是向一切存在的开放，走出自己，认识爱慕近人。所以，自由是建基于有关人的真理上，最后奔向共融。"[53]总之，教宗将自由作为维护人性尊严的必要条件和基础，并指出这自由乃是以真理作为标准的，而真理是源于至高的创造者天主的，人要凭借这在真理中的自由共同实现人的尊严。

50　教宗若望保禄二世，《人类救主》通谕，第 12 节，1979 年 3 月 4 日，http://www. vatican. va/holy_father/john_paul_ii/encyclicals/documents/hf_jp-ii_enc_04031979_redemptor-hominis_zh.pdf

51　John Paul II，*Fides et Ratio*，No.90，Pauline Books & Media, Boston, Vatican Translation, 1998, P.111.

52　教宗若望保禄二世，《真理的光辉》通谕，第 42 节，1993 年 8 月 6 日，http://www. vatican.va/edocs/ENG0222/__P8.HTM

53　同上，第 86 节.

其次，教宗坚持对人的权利的维护是实现人性尊严的根本保障。教宗在他的整个任期内一直致力于呼吁维护人权，他强调对人权的维护是实现人性尊严的必然要求和根本保障，他呼吁道："愿在基督面容上照耀出来的新人类的形像促使众人承认人类生命不可侵犯的价值；也适当地回应社会各种生活的正义和机会均等的要求；并推动个人和国家完全尊重建基在人性本质上的基本和真正权利。"[54]教宗在他的训导中针对不同的场合和情况提请人们要致力于维护人权，他所倡导维护的人权主要分为两大类，即从人自身的角度而言的人的基本生存权，以及从人的社会化角度而言的人实现自我的权利。人基本的生存权包括人的生命权以及人享有宗教自由的权利；而人的自我实现的权利主要包括拥有家庭生活和生养子女的权利、工作的权利以及参与社会公务生活的权利。

教宗指出，人的第一权利就是生存的权利。人的生存权既包括人肉体的存在权，即人自身的生命权，还包括人的精神的自由权，即人的宗教自由权利。教宗曾特别颁布《生命的福音》通谕，他高举人的生命权，强调这生命是天主所赐的礼物，是神圣不可侵犯的。在他看来，人的生命应该是既包括尘世的肉体生命又包括对天主神圣生命的分享的圆满过程，而人的尘世生命在其中也具有伟大而无法估量的价值，教宗指出："……在人类生存这具有一致性的整个过程中，现世的生命，是最基本的条件，是最初的阶段，也是不可少的部分。这个生存的过程，受到天主诺言的光照，也因为天主所赐的天主性的生命而更新，并在永生中达到圆满的实现。"[55]教宗强调，虽然人尘世的生命不是终极的事实，但仍是天主交托给人的一个神圣的恩赐，需要人保守这尘世的生命，并在分享天主的爱中使这生命臻于完美。他敦请所有的人都要"认出人类生命从开始到结束都具有的神圣价值，并且肯定每一个人都应享有此首要美善的权利。"[56]教宗在《基督信友平信徒》劝谕中也强调要尊重人不可侵犯的生存权利，他强调人的生命权是人最基本的权利，生命的不可侵犯是人不可侵犯性的基本表达，同

---

54 John Paul II，*Urbi et Orbi Message,* No.3, Apr, 23, 2000, http://www.vatican.va/holy_father/john_paul_ii/messages/urbi/documents/hf_jp-ii_mes_20000423_easter-urbi_en.html

55 John Paul II, *Evangelium Vitae*, No.2, Mar, 25, 1995, http://www.vatican.va/edocs/ENG0141/__P2.HTM

56 Ibid.

时也是天主的绝对不可侵犯性的反映和要求。[57]教宗借圣经旧约中天主颁布的"不可杀人"的诫命提醒人们要积极地选择生命，并且他从两方面阐明了选择生命的含义：首先，积极地选择生命要求人们能包容所有情况下的生命，"不但保障未出世的胎儿有来到世上的权利，也保护新生儿，尤其是女婴，不至于遭受杀婴之罪恶，同时，它也保障肢体残障者，能充分发展才能，也保证病弱和年长者都能得到妥善的照顾。"[58]教宗在关于节育、堕胎、自杀等生命伦理的问题上一直坚持保守的传统立场，坚决反对人为控制生育的手段以及堕胎和自杀等行为，他将此类的行为都视作是杀人的重罪。教宗提醒人们绝不可忘记，"人的生命是天主的恩赐，即使有着苦难与限制，它仍然是珍贵的。生命，这个礼物，要诚心接受、一生一世加以爱护。"[59]其次，积极地选择生命要求人们共同抵制各种形式的伤害，社会中总是存在各种各样对人生命的伤害，包括贫穷和饥饿、武装冲突、毒品和武器以及对生态环境的破坏等等，教宗呼吁每一个人都该联合起来运用适当的手段共同增进和维护人生存的权利。[60]

除了生命的基本权利，教宗还强调要保障人享有宗教自由的权利，这是人生存的精神方面的核心权利。教宗曾在他的训导中一再地强调宗教自由的重要性，他指出宗教自由是人格尊严的基本要求，是人权结构的基石。在教宗所发布的世界和平日文告中他也多次阐明："……宗教的幅度，根植在人的良心中……它触及精神的最深层面，……宗教的信仰，纵使主要的涵存于精神的内在行动，但牵连到人生的全部体验，和人生表现的一

57　参见教宗若望保禄二世，《"基督信友平信徒"劝谕——论平信徒在教会与世界中的圣召使命》第 38 号，1988 年 12 月 30 日，http://www.vatican.va/holy_father/john_paul_ii/apost_exhortations/documents/hf_jp-ii_exh_30121988_christifideles-laici_zh.pdf

58　教宗若望保禄二世，《尊重人权是实现真正和平的秘诀——教宗发表一九九九年世界和平日文告》，第 4 节，1999 年 1 月 1 日，http://www.vatican.va/holy_father/john_paul_ii/messages/peace/documents/hf_jp-ii_mes_14121998_xxxii-world-day-for-peace_en.html

59　教宗若望保禄二世，《你们白白得来的，也要白白分施——2002 年四旬期文告》，第 2 节，2001 年 10 月 4 日，http://www.vatican.va/holy_father/john_paul_ii/messages/lent/documents/hf_jp-ii_mes_20020205_lent-2002_zh.pdf

60　参见教宗若望保禄二世，《尊重人权是实现真正和平的秘诀——教宗发表一九九九年世界和平日文告》，第 4 节，1999 年 1 月 1 日，http://www.vatican.va/holy_father/john_paul_ii/messages/peace/documents/hf_jp-ii_mes_14121998_xxxii-world-day-for-peace_en.html

切。"[61] "宗教表达人内心最深的渴望，形成人的世界观，也引导影响人与群体的关系：个人及团体对于生命真正意义的疑问，基本上宗教能提供解答。因此宗教信仰自由构成了人权的核心。"[62]在教宗看来，基督宗教信仰所涉及的"个人与天主的关系，是一个人的'存有'及'存在'的构成因素：是在天主内我们'生活、行动和存在'（参宗，17：28）。虽然不是所有的人相信此真理，许多确信此真理的人，他们的信仰和生活的选择，来自信仰的个人的和团体的生活选择，有权受到尊重。"[63]教宗呼吁整个社会都要尊重和保障宗教自由的权利，因为宗教自由的权利既然是人的属灵层面的最基本权利，也是人其他权利的关键和衡量标准。他回顾梵二会议针对宗教自由特别发布的《信仰自由宣言》，指出大公会议已经清楚地阐明信仰自由的剥夺或侵犯是彻底侵犯人内心的和真正人性的权益。对个人而言，信仰自由的被剥夺不仅是痛苦的经验，更是对人性尊严本身的攻击。[64]教宗虽然竭力倡导呼吁要保障个人和团体的宗教自由，但就具体该如何实施保障宗教自由，他只提出要保障个人私下或公开表明宗教信仰的权利、人根据自己良心的要求改变宗教信仰的权利以及宗教信仰自由不受政治或经济权利胁迫的权利，而没有更为具体的实施规范。除此之外，教宗否定藉宗教之名而实施暴力的行为，他指出："藉宗教信仰之名，而行暴力之实，是曲解了各大宗教的教导"[65]，这样做不可能培养和提升真正的宗教情操。

---

61 John Paul II，*Religious Freedom: Condition for Peace, Message for the Celebration of the World Day of Peace*, the third section, Jan, 1, 1988, http://www.vatican.va/holy_father/john_paul_ii/messages/peace/documents/hf_jp-ii_mes_19871208_xxi-world-day-for-peace_en.html

62 参见教宗若望保禄二世,《尊重人权是实现真正和平的秘诀——教宗发表一九九九年世界和平日文告》，第 5 节，1999 年 1 月 1 日，http://www.vatican.va/holy_father/john_paul_ii/messages/peace/documents/hf_jp-ii_mes_14121998_xxxii-world-day-for-peace_en.html

63 教宗若望保禄二世,《"基督信友平信徒"劝谕——论平信徒在教会与世界中的圣召使命》第 39 号，1988 年 12 月 30 日，http://www.vatican.va/holy_father/john_paul_ii/apost_exhortations/documents/hf_jp-ii_exh_30121988_christifideles-laici_zh.pdf

64 参见教宗若望保禄二世,《人类救主》通谕，第 17 节，1979 年 3 月 4 日，http://www.vatican.va/holy_father/john_paul_ii/encyclicals/documents/hf_jp-ii_enc_04031979_redemptor-hominis_zh.pdf

65 教宗若望保禄二世,《尊重人权是实现真正和平的秘诀——教宗发表一九九九年世界和平日文告》，第 5 节，1999 年 1 月 1 日，http://www.vatican.va/holy_father/john_paul_ii/messages/peace/documents/hf_jp-ii_mes_14121998_xxxii-world-day-for-peace_en.html

　　教宗从人自身的角度阐明了要维护人基本的生存权之外，还从人的社会
化的角度论述了该如何维护人实现自我的权利。教宗特别重视维护人实现自
我的权利，这权利包括人享有家庭生活并生养子女的权利，人参加工作的权
利以及参与社会公务生活的权利。有关婚姻家庭生活的问题历来是天主教传
统伦理所重点关注的，婚姻在天主教传统神学中被提升至圣事的尊位，象征
着基督与教会奥秘的结合，而家庭也被视作教会传生子民的重要制度和团
体。教宗除了坚持天主教传统的观点外，还站在个人的立场上肯定享有家庭
生活是人实现自我的关键一步，是维护人性尊严的重要一环。教宗指出："人
有与生俱来的社会幅度，它自人的内心深处，叫人与别人共融，并把自己给
予别人"[66]，而人的社会幅度的首要表达即是家庭。因为天主没有创造一个孤
零零的人，从起初他就造了一男一女，二者的结合成为人与人之间的第一种
共融。教宗在《家庭团体》劝谕中指出家庭是一个"生命和爱的亲密团体"[67]
并且他提到了家庭的四项主要任务，即，首先，家庭是组成一个人的团体，
"它在爱内找到接收、尊重并推行每个是天主活肖像的人的人性尊严的泉源
和动力。"[68]；其次，家庭为生命服务，"家庭的基本任务是维护生命，在历
史中实现造物主原始的祝福——即藉着生殖而使天主的肖像代代相传。"[69]并
且，家庭也是首要的教育团体，人类生命中主要价值的教育都是在家庭中完
成的，例如爱的教育、生命的教育、性教育，洁德的教育等；第三，家庭参
与社会的发展，家庭是社会的第一个生命细胞，"在家庭内促进人与人之间
的真正而又成熟的共融，是首要的无法替代的社会生活的学校……家庭是使
社会人性化和人格化的发源地和最有效的工具……它使生活能合乎人性，特
别是由于它维护并传授德行和'价值'…… 在家庭里'数世同堂，彼此帮
忙，以取得更大的智慧，将个人的权利与社会生活的其他需要调和起来'"
[70]；最后，家庭分享教会的生活和使命，教宗强调，基督徒家庭是一个信仰的

---

66 教宗若望保禄二世，《"基督信友平信徒"劝谕——论平信徒在教会与世界中的圣
　　召使命》，第 40 号，1988 年 12 月 30 日，http://www.vatican.va/holy_father/john_
　　paul_ii/apost_exhortations/documents/hf_jp-ii_exh_30121988_christifideles-laici_zh.pdf
67 教宗若望保禄二世，《家庭团体》劝谕，第 17 节，1981 年 11 月 22 日，http://www.
　　vatican.va/holy_father/john_paul_ii/apost_exhortations/documents/hf_jp-ii_exh_19811
　　122_familiaris-consortio_zh.pdf
68 同上，第 22 节.
69 同上，第 28 节.
70 同上，第 43 节.

和传布福音的团体，是与天主交谈的团体是为人类服务的团体，而这些都是与教会的生活和使命共融的。总之，因着家庭的这些任务，个人的人性尊严和价值得到肯定，人的生命权以及其他的基本权利也得到更好的维护。

人实现自我的另一个基本权利是工作的权利，教宗在《论人的工作》通谕中从个人、家庭、社会和灵修四个幅度阐明了人工作的尊严。首先，教宗指出，工作能使人更成为人。教宗提及了圣经中天主对人要"治理大地"的命令，指出天主愿意人通过工作达成对有形世界的管理。工作虽然不可避免的有很多辛劳，但是这些辛劳为人是一件好事，因为从本质上讲，工作不但改变自然界使之适合人的各种需要，而且工作也能达成人性的完美。工作是有价值的，是符合人的尊严的，它也能表达和增加人的尊严。总之，从个人的角度而言，工作并不因为它造成人体力上的衰弱而降低或伤害人作为工作主体的特性和尊严，反而更能实现人之为人的尊严。其次，教宗指出，工作是形成家庭生活的基础。家庭是人的基本权利，也是天主赋予人的使命之一，而家庭是与工作紧密相连的。因为工作不仅是维持家庭生活的根本保障，也是实现家庭目标，尤其是教育的重要手段。教宗还特别强调家庭"是因为工作而组成的团体，同时它是每个人的第一座家中的工作学校。"[71]第三，教宗从社会的层面指明人的工作能增进整个人类生活的共同福利。所谓社会，即是人"世世代代的工作在历史和社会方面的具体化"[72]。在这样的社会中，人不但具有人的身份，同时也具有国民的身份，人们工作的共同目标就是一起增加大众的福利。总之，"工作用以增进整个人类家庭，整个生活在世的人民的祖业。"[73]最后，教宗提及了工作的灵修因素。教宗强调，人的工作是对造物主活动的分享，人该理直气壮地认定自己是在以劳动的方式发展造物主的工程，照应弟兄姐妹们的利益，并以个人的辛劳来实现天主在历史中的计划。教宗还引用梵二会议教会宪章中的观点，指出基督徒要运用自身对世俗事务的专长，即经基督的圣宠而在本质上得到提升的劳动、技术和文化等个人行动，使人能依天主的教会和圣言的指示而趋向完美。[74]

---

71 教宗若望保禄二世，《论人的工作》通谕，第 10 节，1981 年 9 月 14 日，http://www.vatican.va/edocs/ENG0217/_INDEX.HTM

72 同上.

73 同上.

74 参见教宗若望保禄二世，《论人的工作》通谕，第 25 节，1981 年 9 月 14 日，http://www.vatican.va/edocs/ENG0217/_INDEX.HTM.

除了家庭及工作的权利外，教宗指出，人还要通过参与社会公务生活来实现自身的价值和尊严。所谓的公务生活，教宗指出，"即许多不同的经济、社会、立法、行政及文化的领域"[75]，每个人都有权利和义务去参与社会公务生活，虽然是以不同的和互补的形式、水平、角色及责任。教宗推崇梵二会议的教导，主张"凡为服务他人而献身于国家，并接受公务责任的人，教会认为他们是值得颂扬和尊重的。"[76]教宗还强调，公务生活的基本标准是为达到公共福利，这公共福利包括一切社会生活条件，个人因此可以圆满地成全自己。除此之外，公务生活的行动路线是维护并推行正义，正义是一种道德力量，它是基于人的尊严而对人的权利及责任的维护。最后，公务生活完成的根本方法是"守望相助"（Solidarity），教宗强调，我们每一个人都是公务生活的目标，也是重要参与者，正如其在《社会事务关怀》通谕中指出的：守望相助不是对远近许多人的不幸感到空洞的同情或是肤浅的哀伤，相反的，却是一项将自己献身于公共福利的坚决而持续的决心，就是致力于每个人的和大众的福利，因为我们都是为大家真正负责的，这守望相助实在是走向和平及发展的道路。[77]

教宗强调对人的权利的维护是实现人性尊严的保障，而维护人的权利则既要从人自身的角度维护人基本的生存权，又要从人的社会化的角度维护人在团体中实现自身的权利。生存权作为人最根本的权利，既包括人肉体的存在权，又包括人精神的自由权。因而教宗倡导人们要积极地选择生命，即包容各种情况下的生命又抵制各种形式的对生命的伤害。同时，教宗呼吁维护人的宗教自由，指出宗教自由是保障人生存的精神方面的核心权力，是人格尊严的基本要求。人的生存权得到保障之外，人在团体中实现自我的权利也该得到合理地维护，这样人性的尊严才能得到根本的实现。教宗提出要维护人实现自身的权利就要保障三方面的权利，即人拥有家庭生活的权利、人参

75　教宗若望保禄二世，《"基督信友平信徒"劝谕——论平信徒在教会与世界中的圣召使命》第 42 号，1988 年 12 月 30 日，http://www.vatican.va/holy_father/john_paul_ii/apost_exhortations/documents/hf_jp-ii_exh_30121988_christifideles-laici_zh.pdf

76　同上.

77　参见教宗若望保禄二世，《"基督信友平信徒"劝谕——论平信徒在教会与世界中的圣召使命》，第 42 号，1988 年 12 月 30 日，http://www.vatican.va/holy_father/john_paul_ii/apost_exhortations/documents/hf_jp-ii_exh_30121988_christifideles-laici_zh.pdf.

加工作的权利及人参与社会公务生活的权利。家庭生活对每个人都是至关重要的，因为人生命的几乎所有阶段都是在家庭中度过的，家庭是一个生命和爱的亲密团体。除家庭外，工作也是人实现自身的另一个权利，教宗指出，工作能使人更成为人，并为家庭生活提供保障，且能增进人类的共同福利。同时，教宗还强调，人要通过参与社会公务生活实现自身，这公务生活得以实现的根本方法就是"守望相助"，即每个人坚定而持续地献身于公共福利。按照教宗的观点，只有对上述人的各种基本权利的妥善合理维护才能保障人性尊严真正地实现。

最后，教宗指出参与和爱德是维护人性尊严的根本方法。如上文所述，参与是人的一项基本权利，人通过对社会公务生活的参与实现自身的价值，同时，教宗认为，参与也是人维护自身尊严的根本方法之一。人是自身行为的主体，而人的行为也能揭示人，参与作为人的行为，按照教宗的观点，是"人类的显著特征之一，是真正的'时代讯号'，在不同的领域并以不同的方式在发展"[78]。教宗指出为了发展更符合人性的社会，个人和团体乃至整个民族都必须参与。教宗还强调，参与是建立世界和平的基石，因为"一个正义与和平的世界，不可能单靠言语和外加的力量来造成，它需要大家的意愿和大家的贡献，首要的是每一个人该有参与的意识，感到自己参与有关世界命运的决定和努力。"[79]因着参与对人性成长的重要性，它不能被局限在社会生活的某一部分，个人对社会公务生活的参与包括对工作和经济活动的参与，对资讯和文化领域活动的参与以及对社会政治生活的参与等。教宗特别重视个人对社会政治生活的参与，在讨论民主制度时，他强调民主必须是参与性的，他反对极权主义和专制制度对公民参与权利的伤害。在教宗看来，教会在维护民主制度方面是有着巨大贡献的，因为教会推崇在耶稣基督的奥迹中已经被全面揭示的人的尊严。[80]总之，个人对社会生活的参与体现和实践着其对自身尊严的维护。

除了参与的行为对人性尊严的维护外，教宗还指出爱德也是维护人性尊严的根本方法。天主教的社会训导将爱作为"整体社会伦理的最高和普遍原

---

78 同上，第 5 号.

79 教宗若望保禄二世，《1985 年世界和平文告》，第 9 节，1984 年 12 月 8 日.

80 See, John Paul II ,*Centesimus Annus,* No. 44-47, see *The Encyclicals of John Paul II,* Edited with Introductions by J. Micheal Miller, C.S.B., Our Sunday Visitor Publishing Division, Our Sunday Visitor, Inc., Huntington, Indiana, 46750, 1996.

则"[81]，教宗也强调这爱比死亡和罪更有力量，"没有爱，人不能生活，他会成为一个不了解自己的人，他的生命会毫无意义。"[82]教宗指出，耶稣基督通过十字架上的受苦和死后复活，将天父对他的爱，并在他身上对所有人的爱，圆满地启示出来了。[83]而人要效法基督的爱，遵循耶稣要爱近人的诫命，在个人的行为上以及在人的团体中都要践行爱德，只有这样才能真正地维护人的尊严。在个人的行为上，教宗称爱德是人们守望相助的灵魂和支持，他要求平信徒们要谨守"爱我们的近人"的诫命，与他人团结友爱，互相帮助。他强调，真正的爱"并不是漂浮短暂的激情，而是一种强烈持久的道德力量，为他人的幸福着想，甚至愿自我牺牲。此外，真正的爱也常与正义同行……真正的爱，会向困境中的人伸出关怀的援手……"[84]按照教宗的观点，"爱和仁慈使人与人之间，在人本身的价值上发生关系，并以合乎人性尊严的方式彼此相对待，同时，藉'忍耐和仁慈'的爱所达到的'平等'，并不消除人与人之间的差异：给予者因感觉他也从受惠者一方获得益处而变得更加慷慨；同样，受惠者因意识到接受人家的赠予也是一种行善，无形中促进了人的尊严感。"[85]在教宗看来，人与人之间的爱使得其达到更深层面的团结友爱，从而维护了人性的尊严。而在人的团体，特别是家庭和教会中，爱的要求也更加强烈。教宗指出，家庭建立在爱的基础上，它首先以夫妇的互爱开始，所有的家庭成员之间都是相亲相爱的关系。这样，家庭就成为了"人的共融和团体，它在爱内找到接受、尊重并推行每个是天主活肖像的人的人性尊严的泉源和动力。"[86]家庭是天主亲自建立的人的生命和爱的亲密团体，家庭成员之间的爱德最能体现人的尊严。除了家庭内的爱德之外，教宗还强调教会中的爱德。教宗特别阐明，教会以爱作为自身的标记，整个教会也是被

---

81 《教会社会训导汇编》，宗座正义和平委员会，2004 年，Liberia Editrice Vaticana，第 116 页.

82 教宗若望保禄二世，《人类救主》通谕，第 10 节，1979 年 3 月 4 日，http://www.vatican.va/holy_father/john_paul_ii/encyclicals/documents/hf_jp-ii_enc_04031979_redemptor-hominis_zh.pdf

83 参见教宗若望保禄二世，《富于仁慈的天主》通谕，第 8 节，1980 年 11 月 30 日.

84 教宗若望保禄二世，《1994 年世界和平文告》，第 2 节，1993 年 12 月 8 日.

85 教宗若望保禄二世，《富于仁慈的天主》通谕，第 14 节，1980 年 11 月 30 日.

86 教宗若望保禄二世，《家庭团体》劝谕，第 22 节，1981 年 11 月 22 日，http://www.vatican.va/holy_father/john_paul_ii/apost_exhortations/documents/hf_jp-ii_exh_19811122_familiaris-consortio_zh.pdf

召为爱德服务的。教会坚信爱德的工作是她不能出让的义务和权力，她同情贫穷和病人，总是设法救济人类的各种需要。[87]教会之于人性尊严的贡献主要在她借着爱德的工作在传扬基督的福音和推动全人类发展的努力中，教宗指出，"每当教会向人宣扬天主的救恩时，每次都通过圣事向人提供天主的生命并加以传播，又每逢她经由爱天主、爱近人的诫命去指导人类的生命方向时，她即充实了人的尊严。"[88]

按照教宗的观点，个人对自身尊严的维护必须通过对社会公共生活的参与来实现，而在这参与的过程中，人与人之间要团结友爱，谨遵耶稣基督"爱近人"的诫命。因为人由天主获赐了理性的能力和自由意志，人能够通过自我决定而实施自身的行为，人是自身行为的主体，人必须通过自身的行为来实现自身的价值和尊严。在现实的社会中，人的行为就要具体化为对社会公共生活的参与，包括对社会的经济行为、文化活动及政治生活的参与。参与是个人实现自身尊严的基本方式，同时，爱德的实践也是人实现自身尊严的根本方法。这爱德是天主启示和施与人的礼物之一，教宗指出，天主借他独生子的牺牲启示给人他的圣爱，人要效法基督并分享这圣爱，在人与人的相处中践行这爱德。个人要爱近人，在与他人的友爱团结中彰显人人平等的原则并实现自由和平的社会。此外，教宗还特别强调家庭和教会实践爱德的重要价值，家庭是爱的团体，她在爱内找到接受、尊重和推行人性尊严的源泉和动力；教会为爱德服务，她在爱德的工作中充实了人性的尊严。

综上所述，教宗神学人类学的核心宗旨就是维护人性尊严，他论维护人性尊严的原则可以概括为：首先，自由是维护人性尊严的基础和条件，教宗强调自由是人的本性，是人最高尚的权利，自由与作为人的特性的人性尊严是互相依存的，因而要实现和维护人性尊严必须以自由为基础和条件，并且这自由是以真理为标准的，人要凭借在真理中的自由来实现自身的尊严。其次，维护人权是实现人性尊严的根本保障，教宗一直致力于呼吁维护人权，他所倡导维护的人权主要分为人的基本生存权以及人实现自我的权利。在教

---

87 参见教宗若望保禄二世，《"基督信友平信徒"劝谕——论平信徒在教会与世界中的圣召使命》，第 41 节，1988 年 12 月 30 日，http://www.vatican.va/holy_father/ john_paul_ii/apost_exhortations/documents/hf_jp-ii_exh_30121988_christifideles-laici_zh.pdf

88 John Paul II , *Centesimus Annus,* No. 55, *see The Encyclicals of John Paul II,* Edited with Introductions by J. Micheal Miller, C.S.B., Our Sunday Visitor Publishing Division, Our Sunday Visitor, Inc., Huntington, Indiana, 46750, 1996.

宗看来，人的生存权包括肉体的生命权和精神的自由权，他倡导人们要积极地选择生命，包容各种情况下的生命并抵制各种形式对生命的伤害，同时，教宗也极其重视人的精神自由权，即宗教自由的权利，他指出宗教自由是保障人生存的精神方面的核心权力，是人格尊严的基本要求，因此应该得到妥善的维护和保障。除了生存权，人在团体中实现自我的权利也该得到维护，这样人性尊严的实现才能得到真正而完全的保障。人实现自我的权利包括人享有家庭生活及生养子女的权利，人参加工作的权利和人参与社会公务生活的权利。最后，参与和爱德是维护人性尊严的根本方法，教宗强调，个人对自身尊严的维护必须通过对社会公共生活的参与来实现，同时，在参与的过程中，人与人之间要践行通过耶稣基督所启示的天主对所有人的爱，无论是在人自身的行为中还是在人的团体，如家庭和教会中，爱德都是实现和维护人性尊严的根本方法之一。

3.2.3 若望保禄二世对个别社群尊严的关注

教宗在他的教导中除了对人性尊严进行了阐释并论述了该如何维护人性尊严外，还特别提及了对个别社群尊严的关注。他特别提及了穷人、妇女、青年人、移民与难民及患病人在现代社会的处境，关注他们由于种种原因而受到威胁和损害的尊严，并呼吁维护这些特殊群体的尊严。在教宗看来，穷人、妇女、青年人、移民、难民及患病之人属于社会的弱势群体，而关注和维护弱势群体的尊严是教会的使命，也是基督徒践行爱德的首要方式。除此之外，教宗认为，只有当社会中弱势群体的尊严得到尊重和保障，整个人类的尊严才算是得到了真正的维护。因而教宗呼吁基督徒们要效法基督，分享并践行基督所彰显出的爱德，特别关注和维护这些弱势群体的尊严和利益，他引用耶稣的教导指出：“你们对我这些最小兄弟中的一个所做的，就是对我做的。”[89]

教宗特别关注穷人的尊严问题，他指出整个教会传统都是特别关爱穷人的。教宗所指的穷人包含大批不得不忍受饥饿的人、贫困的人、无家可归的人、无法获得医疗照顾的人，尤其是那些对于未来感到绝望的人。[90]在如何对待穷人的问题上，教宗提出了穷人优先的原则，他反复提及圣经中关于富人

---

89 教宗若望保禄二世，《富于仁慈的天主》通谕，第 8 节，1980 年 11 月 30 日，

90 参见教宗若望保禄二世，《社会事务关怀》通谕，第 42 节，1987 年，

的比喻（路，16：19-31），指出"'在对一切漠不关心的富有人和一贫如洗的穷人之间，二者鲜明的对比中，天主是站在穷人那一边'。我们也必须与天主在同一边。"[91]他号召所有的基督徒都要与穷苦人团结共济。事实上，"穷苦人家所要求的不外乎在分享物质好处的同时，得以充分利用自己的工作能力，去建造更为公正而人人得享繁荣的一个世界。"[92]教宗将改善穷人的生活视作全人类道德提高、文化和经济增长的大好良机。对于该如何改善穷人的生活，教宗也提出了指导性的思想原则，他指出："仅拿剩余物资去济贫是不够的，我们更需改变自己的生活方式、产品类型、消费方式和管理社会的权力机构"[93]，他号召人们要克制对物质享受漫无节制的欲求，努力做到仅保留维持生活不可或缺的物品，将全人类的公共福利做为努力方向和发展目标。教宗还放眼全球化的发展趋势，指明第三世界国家在全球化的浪潮下被推至国际经济和政治的边缘，号召要动员全球的资源和力量，以扶持和协助第三世界国家的发展。

教宗注意维护妇女的尊严和圣召使命。华迪卡早年担任神父时主要从事信友婚姻家庭的牧灵工作，并写作了论述基督教婚姻伦理神学的《爱与责任》一书，因而对妇女在社会及家庭中的处境有比较深入而全面的了解。就任教宗后，他在其教导中多次提及妇女的尊严受到破坏和损害的情况，他指出，由于各种原因，妇女在社会的文化、经济及政治方面的参与权受到一定程度的否定，甚至妇女在家庭中的价值也不被承认。社会上到处"充斥着色情照片，贬低妇女的尊严，并且对待她们有如只是性欲的对象。"[94]更有甚者，社会上还存在妇女买卖等恶行，将妇女视作工具或物品。教宗对各种破坏妇女尊严的恶行深恶痛绝，他特别发布了《妇女的尊严与圣召》宗座牧函，提请所有人包括妇女本身都要尊重妇女的尊严并正视妇女的圣召使命。教宗在《妇

---

91 教宗若望保禄二世，《尊重人权是实现真正和平的秘诀——教宗发表一九九九年世界和平日文告》，第 13 节，1999 年 1 月 1 日，http://www.vatican.va/holy_father/john_paul_ii/messages/peace/documents/hf_jp-ii_mes_14121998_xxxii-world-day-for-peace_en.html

92 John Paul II ,*Centesimus Annus*, No. 28, *see The Encyclicals of John Paul II*, Edited with Introductions by J. Micheal Miller, C.S.B., Our Sunday Visitor Publishing Division, Our Sunday Visitor, Inc., Huntington, Indiana, 46750, 1996.

93 Ibid., No. 58.

94 教宗若望保禄二世，《1995 年圣周四致全球司铎书》，第 5 节，1995 年 3 月 25 日，白正龙译，台南：闻道出版社，1996.

女的尊严与圣召》牧函中主要从三个方面论述了妇女的尊严不容破坏：首先，自创造之始，女人就是与男人相称的助手，与男人一起承担生育繁殖及管理大地的使命。"男人和女人地位平等，同是照天主的肖像受造的人。天主的肖像和模样，对人来说是重要的，是由为夫妻为父母的男女传给他们的后代……造物主把治理大地的权能托付给人类，一切的人，所有的男人和女人，他们从共同的'肇始'获得他们的尊严和圣召。"[95]其次，教宗认为，妇女在人类的拯救过程中有重大意义，那为人类的罪而牺牲的天主之子就是从童贞女所生的，因而女人出现在救恩大事的中心，女人被提升至无比尊贵的地位。教宗指出："'女人'是整个人类的代表和本型：她代表一切人（男人和女人）的人性，然而，另一方面，在纳匝肋发生的事件，显著指出与生活的天主相契合的一种方式，是专属于'女人'，玛利亚：母子之间的契合。"[96]第三，教宗用新郎和新娘来象征基督与教会，这种象征突出了女性的尊严。正如宗徒保禄说："你们作丈夫的，应该爱妻子，如同基督爱了教会，并为她舍弃了自己。"（弗，5：25）在教宗看来，新郎是赐爱的，新娘是被爱的，她接纳爱，以便以爱还爱。妇女的尊严与她所领受的爱密切，同时也与她还报的爱相连。新娘正是以爱的恩惠来报答新郎的恩宠，基督徒妇女们由于与基督的结合而坚强，从而对教会生活及社会生活都有诸多的贡献。[97]总之，教宗坚持，女性是天主所造的天生有别于男性却也与男性对等且和谐的存在，因而在授予妇女神职的问题上，教宗依然坚持天主教两千年来保守的立场，反对妇女在教会内任神职，但是他从不否认妇女在教会以及家庭中的诸多贡献和价值。

教宗特别关爱青年人的生活和尊严。他于 1984 年创立了普世青年节，召叫全世界的天主教青年一起学习信仰和庆祝生命，并在他的任期内与青年们一起庆祝了 19 届普世青年节。除此之外，教宗在每周例行发布的电视讲话中以及他游历全球各地发表的演讲及参与的对话中多次表达了他对青年人的关爱。教宗针对不同状况下以及具有不同特点的青年提出了不同的教导，并表达了他的关爱和尊重。他关爱青年学生，指出他们的年龄正是代表了为了将

95 Pope John Paul II, *On the Dignity and Vocation of Women*, NO.6, Pauline Books & Media, Boston, Vatican Translation, 1988, p. 22.

96 Ibid. pp. 17-18.

97 See, Pope John Paul II, *On the Dignity and Vocation of Women*, NO.27-30, Pauline Books & Media, Boston, Vatican Translation, 1988, pp. 90-102.

来能负起生命的责任而准备和学习的阶段，教宗号召广大青年学生们要享受他们的特权，即，"充满活力和创造力的权利、天真率直的权利；满有喜乐与希望的权利；学习和探究奇妙世界的科学知识的时机；并且最重要的是，慷慨而快乐地奉献自身服务他人的机会。"[98]教宗关心不同种族和不同信仰的青年，他强调所有的人类都是兄弟姐妹，因为尽管以种族、语言、民族及宗教区分开来，但是按照基督的教导，天主是人类共同的父[99]。教宗反对因为种族和信仰不同而发生的暴力冲突，他呼吁年轻人不要听从仇视和报复的声音，一个正义、团结及和平的社会不能建立在流血冲突和死难者的尸体之上，因为那些受害者的罪仅仅是因为他们持有不同的观点，教宗提倡用作为基督福音核心的爱来化解冲突，缔造和平。教宗关注处于叛逆期的青少年们，他指出青少年们是世界的明天和希望，基督正张开双臂等待他们。但是如果这些青少年只相信和依靠自身的力量，那世界呈现出来的就是充斥着死亡、吸毒、暴力、恐怖及暴虐的一面。教宗提醒青少年们，关于耶稣的知识能终止孤独，战胜悲伤及不确定性，为人提供生命的真正含义。[100]教宗关心处于家庭中的青年人，他殷切地希望青年人与父母建立并保持一种亲密和谐的关系，他说："父母是你们的第一个朋友，你们的将来在很大程度上取决于你们今天如何与生养你们的父母和睦相处，如何尊重父母。"[101]教宗关怀处于困境中、生病或残疾的青年人，他在发布的世界青年文告中说到："亲爱的青年，你们也面对着痛苦：孤独，生命中的挫败和失意；进入成人世界及职业生涯所遇到的困难；家庭内的离别和凄伤；战争的暴力和无辜者的死亡。但你们要知道，当遭逢生命中免不了的困难时，你们并非孤独无助：就如耶稣对待站在十字架下的若望一样，他也把自己的母亲赐给你们，她要慈爱地安慰、扶持你们。"[102]

---

98 *Developed Young People, Pope John Paul II Speaks to the World's Youth*, Designed by Vanna Bristot, Photographs by Vittoriano Bastelli, Hodder and Stoughton London Sydney Auckland Toronto, 1982, p. 11.

99 See, *Developed Young People, Pope John Paul II Speaks to the World's Youth*, Designed by Vanna Bristot, Photographs by Vittoriano Bastelli, Hodder and Stoughton London Sydney Auckland Toronto, 1982, p. 23.

100 Ibid., pp. 31-43.

101 *Developed Young People, Pope John Paul II Speaks to the World's Youth*, Designed by Vanna Bristot, Photographs by Vittoriano Bastelli, Hodder and Stoughton London Sydney Auckland Toronto, 1982, p. 51.

102 教宗若望保禄二世，《2003 年教宗致普世青年节文告》，第 2 节，2003 年 3 月 8 日.

　　教宗关心移民与难民及患病人士的尊严和生活。教宗指出，"'移民'这个名词，首先是指为了追求自由和安全感而到国外的难民和流亡者，然而它也指到国外念书的年轻人，以及为了在别处追求更好的生活条件而离开自己国家的人。"[103]移民和难民因为远离了自己原来生活的地方，身处异质的文化和社会中，往往产生孤独感和疏离感，在新的国家和地区会遇到很多的困难，教宗特别提及了移民中处境最为艰困的那些人，"包括无证移民、难民、寻求庇护者、因世界各地持续暴力冲突而被迫迁离者、贩卖人口的受害者，其中以妇女和儿童居多。"[104]维护这些人的权利和尊严是教会的传统，亦是教会的使命。教宗指出，教会从未停止对人性尊严的肯定和维护，并维护保障人性尊严实现的人的各种权利，这些权利包括："拥有自己的国家，自由地生活在自己的国家，与家人共同生活，能得到有尊严的生活所必须有的物品，保存并发展自己的种族、文化和语言传统，能公开宣讲自己的宗教，以及在任何情况下，都能受到合乎个人尊严的对待及承认等。"[105]移民和难民当然也有享有这些保障他们尊严的权利，教宗号召基督信友要努力践行基督的爱德，他提倡借助福音的爱德，帮助人们对移民者由最低限度的容忍达到真正尊重其与自身的差异；借助基督救赎的恩宠，使人们在面对与移民者共同生活的日常挑战时，由利己的心态转化为利他的精神，由惧怕的情绪转变为开放的热情，由排斥拒绝转化为和衷共济。[106]教宗特别体恤患病之人的痛苦，但他强调，这痛苦是一种奥迹，是对基督救赎奥迹的分享，因而痛苦有着深刻的救恩意义。他指出，"基督并不来取消我们的痛苦，而是来分担，来承受痛苦，赋予它救赎的效果：藉着参与人类的生存条件，连同其痛苦和限制，而加以救赎。"[107]然而，教宗也看到了现代医学对治疗疾病和减轻病患之人痛苦的成就，他希望现代医学的巨大潜力能有效地为人类服务并完全尊重人的尊严。[108]教宗号召广大基督徒要负起提升人们健康与生活品质的两大责任：首先就是保护生命的责任，因为生命是天主最大的恩赐和礼物，生

103　教宗若望保禄二世，《2001 年移民与难民日文告》，第 1 节，2001 年 2 月 2 日.

104　教宗若望保禄二世，《2003 年移民与难民日文告》，第 1 节，2002 年 10 月 24 日.

105　教宗若望保禄二世，《2001 年移民与难民日文告》，第 3 节，2001 年 2 月 2 日.

106　参见教宗若望保禄二世，《2003 年移民与难民日文告》，第 4 节，2002 年 10 月 24 日.

107　教宗若望保禄二世，《1998 年世界患病日文告》，1997 年 6 月 29 日.

108　参见教宗若望保禄二世，《2001 年世界患病日文告》，第 2 节，2000 年 8 月 22 日.

命应该被接纳、尊重和保护，即使她是短暂的和脆弱的，这任务虽与专业的保健人员相关，病人的亲属也不能置之度外，因为因生病而脆弱的生命需要亲人的陪伴和支持；其次是促进与人类相称的健康的责任，教宗指出，健康不能简单地等同于没有疾病，而是要达到肉体、心理、灵性和社会层面圆满的和谐与平衡，因而，人们应该尽心尽力满全自己的圣召和他人的益处，创造一个和谐美好的生态环境。[109]

通过上文的探讨，我们基本理清了教宗对人性尊严的阐释：教宗在他的教导中主要阐明了人何以具有人性尊严以及该如何维护人性的尊严，他还特别提及了对弱势群体尊严的关注，由此，我们可以总结出教宗人性尊严理论的精髓：即，天主的肖像是人所以具有尊严的源泉。人的一切都源自天主，因为按照天主的肖像被造，人才具有了不容侵犯的神圣尊严。人的参与行为是人实现自身尊严的方法，人之为人所具有的理性能力和自由意志，虽同样是来自天主的恩赐，但是它使人能拥有自我决定的自由和能力，人要实现自身的尊严必须凭借自身的参与行为。而人对天主爱德的分享和实践是人具有并实现尊严的根本。爱德是将人与至高者天主联系起来的神圣纽带，天主赐下无止境的圣爱，人要不断分享这爱，并在人与人之间实践这爱德，才能真正地实现人类的尊严。除了在教导中呼吁人们要尊重并维护人性的尊严外，教宗还在他的各种宗教活动中践行人性尊严理论，本文接下来将着重探讨教宗人性尊严理论的实践。

3.3 若望保禄二世人性尊严理论的实践

若望保禄二世是一位活动能力特别强的教宗，他一生都在孜孜不倦地践行尊重和维护人性尊严的理论。作为一个普通人，他始终都在践行诚实与宽容的美德，他为人亲切和蔼，真诚热情，在遭遇刺杀并险些丧命的时候，仍然原谅了刺杀他的恐怖分子。在他晚年时，他更是忍受身体的病痛坚持工作，他希望以此来强调人的价值不受身体的限制。作为天主教官方权威的最高代表，他的牧灵范围非常广泛，他游历全球，足迹几乎达到了世界的每一个角落。他关爱那些处于灾难和困苦中的人们，同时，他也关心老人、孩子、妇女及病人等弱势群体。作为世界宗教之一的天主教的领袖，他积极发起宗教对话，试图联合各个宗教共同缔造世界和平。他相信信仰和自由的力量，指

---

109 参见教宗若望保禄二世，《2000年世界患病日文告》，第11-15节，1999年8月6日.

出信仰是人性尊严的源泉，而自由是神赐的礼物，是人性尊严的基础。本文接下来将从教宗周游世界维护人权的活动和倡导宗教对话缔造和平的努力两部分详细探讨教宗人性尊严理论的实践。

3.3.1　周游世界以宣扬维护人权

在上一节中，我们已经详细地阐明了教宗的人性尊严理论，尤其是他论维护人性尊严的三点原则。按照教宗的观点，自由是维护人性尊严的基础和条件，对人权的维护是实现人性尊严的根本保障，而参与和爱是维护人性尊严的基本方式。事实上，上述三点原则可以简化为一个原则，那就是对人权的维护和保障，自由、参与及爱也都属于人权的范围，因而教宗特别重视尊重和维护人权，将其视作实现人性尊严的根本保障。人权的范围是极其广泛的，概括而言，这些权利包括人最基本的生存权和在社会及团体中实现自我的权利，而具体地讲，人的权利是神圣不可侵犯的，从人的诞生开始一直伴随人成长过程的每一个阶段，包括人的生命权、人得到有尊严的生活所必须有的物品的权利、生病得医治的权利、在任何情况下都能受到合乎尊严的对待及承认的权利、拥有家庭并生养子女的权利、宗教及精神自由的权利、受教育的权利、参加工作的权利、参与社会公务生活的权利、享受和平及良好生态环境的权利以及合乎尊严地死亡的权利等等。教宗自始至终都致力于维护人权，自上任以来，他一直都呼吁和平，反对战争。他精通八国语言，探访了全球 100 多个国家，足迹遍布除南极洲之外的六大洲。他与多国领导人会晤，共同商讨建立一个尊重人性尊严的社会；他亲赴冲突战乱不断及贫穷落后的第三世界国家，旨在促进地区的和平与发展。周游世界既是教宗与天主教的地方机构及平信徒沟通的一种渠道，也是教宗代表天主教与世俗世界交谈的一种手段，更是教宗践行自身的人性尊严理论的一种方式。教宗希望通过他自身及天主教的努力，共创一种和谐、友爱的文明。

天主教本身是一个注重交流的宗教，这交流包括教会及平信徒与至高的创造者天主的交流，平信徒与教会神职人员之间的交流，信徒之间的交流以及教会及平信徒与世俗世界的交流等等。天主教神学传统上运用的交流主题和方式主要为：祈祷、布道、教派的交流、启示及福传。[110]梵二会议以来，

---

110 See, Margaret B. Melady, *The Rhetoric of Pope John Paul II—The Pastoral Visit As a New Vocabulary of the Sacred*, Praeger, Westport, Connecticut, London, 1999, p.31.

教会尤为注重与世界的交流，同时加强了主教及平信徒在教会的福传工作中的重要作用。梵二会议以来的几位教宗也纷纷摸索着以牧灵访问的方式来加强教会内部的各种交流及实现与世俗世界的交流。教宗若望二十三世曾利用他作为罗马主教的特权在梵蒂冈以外进行牧灵探访，但是他只在意大利境内做了一些短途的访问。教宗保禄六世则开启了教宗进行海外牧灵访问的先河，并对教宗若望保禄二世大肆运用和发展这种海外访问有着决定性的影响。教宗保禄六世甫上任六月即提出要拜访圣地的计划震惊了全球，那时海外的牧灵访问在教会内没有先例，因而梵蒂冈官方不得不进行专门的策划和组织，包括制定访问的形式以及阐明访问的意义等等。而在教宗保禄六世看来，他访问的目的是要"向世界表明教宗关心每一个人，无论他们位于多么偏远的地方，也无论他们多么的与世隔绝和孤独寂寞。"[111]教宗保禄六世在任内共进行了九次海外牧灵访问，有学者指出，教宗最后一次对亚洲的访问对教宗若望保禄二世产生了重大影响，因为在这次访问中，教宗保禄六世以加强天主教会在人口稠密的亚洲传播为目标，同时也触及了同西方的物质主义模式进行斗争的需要等若望保禄二世后来所坚持的核心牧灵主题。[112]因而，教宗若望保禄二世在其先驱教宗保禄六世的影响下将牧灵访问作为主要的交流方式，同时也作为他践行自己思想的重要手段。

牧灵访问为教宗提供了一个直接与广大天主教教徒及世俗社会接触的机会，这种访问因其实施者——即教宗的特殊身份，天主教神学的传统及意义，以及访问所带来的客观效果而具有权威性、象征性和交流性的特点。首先，教宗与主教们一起拥有训导权并以此来进行牧灵访问及发布教导。天主教教理明确指出："'正确地解释书写的或传授的天主圣言的职务，只委托给教会内活生生的训导当局'，即是与伯多禄的继承者——罗马教宗共融的主教们，'他们以耶稣基督的名义行使这权力'。"[113]同时，"教会的训导职务并非在天主的言语之上，而是为它服务，这职务只教导所传授下来的真理。因为，训导当局因天主的命令和圣神的助佑，虔敬地聆听天主圣言，圣善地予以保管并忠信地加以陈述。训导当局提出为天主启示的一切当信之道，乃

---

111 Wilton Wynn, *Keepers of the Keys*, New York, Random House, 1988, p. 136.
112 See, Margaret B. Melady, *The Rhetoric of Pope John Paul II—The Pastoral Visit As a New Vocabulary of the Sacred*, p. 35.
113 天主教教理，天主教河北信德编辑室出版，1992 年，第 85 节.

取自唯一的信仰宝库。"[114]教宗的牧灵访问正是以这种训导的权威来确保信徒能受到真正合乎天主旨意的教导。因而，教宗的牧灵访问因其代表的训导权而具有权威性。其次，牧灵访问中教宗的亲自出席象征着天主的临在。按照天主教的传统神学，教宗是圣伯多禄的继承人，是天主在地上的代表，因而教宗在牧灵访问中亲自出席并与广大信徒面对面的接触，这被视作天主临在的一个重要象征和标记。因而，教宗的牧灵访问具有象征性的特点。最后，教宗的牧灵访问既加强了教宗与广大信徒的交流，也实现了教宗与世俗社会的对话，因而具有交流性特征。教宗的牧灵访问往往能聚集该地区或国家大部分的天主教徒，在与信徒进行接触的过程中，信徒能通过教宗的训导而了解教宗的思想，教宗也能通过信徒的反应了解他们的需要，因而教宗的牧灵访问是教宗与广大信徒交流接触的重要机会。同时，教宗的牧灵访问也是与世俗社会对话的一种方式，平信徒毕竟生活在世俗社会中，要参与世俗社会的各种活动，教宗在做牧灵访问时既对信徒提出行为准则和生活方向的指导，同时也从信徒的日常生活中了解世俗社会。

教宗在他的任期内共进行了意大利境内及海外的牧灵访问接近 300 次，每到一个堂区、地区或国家他都要举行露天弥撒，并以发布演讲或与广大信徒进行对话的方式阐明他的思想和教导。他的教导往往针对经济的正义，即劳工的合法权益的维护；社会伦理，尤其是婚姻家庭伦理和性的伦理；政治的策略，即维护政治平等与社会和平；神学的阐扬以及福传工作等主题，这些主题都是以他尊重和维护人性尊严的核心原则为指导的。此外，在牧灵访问中教宗还特别重视大众传媒在表达思想和传播福音中的作用。现代社会以来，大众传播媒体的迅猛发展为教会的福传工作提供了方便快捷的渠道和契机，自梵二会议开始，天主教会逐渐重视大众传媒在福传工作中的重要应用。教宗若望保禄二世遵循大公会议的教导，将教会在媒体领域的存在视作新福传要求的福音本土化的重要一环，指出媒体在支持和促进人性尊严的真理与价值上扮演着极为重要的角色。教宗本人就积极地应用大众传媒表达自己的思想并宣传天主教教义。他的每一次牧灵访问几乎都有专门的媒体报道，尤其是他的露天弥撒更是有电视直播及媒体的实时报道。除此之外，教宗还定期发表电视讲话，经常接受媒体的访问和报道。他还有自己的传记记者，他

114　天主教教理，第 86 节.

亲自著书立说，甚至通过互联网发布通谕文告等教导。教宗认为，媒体所形成的社会舆论能够影响甚至决定人们的行为，因而为创建一个关乎良心的"人权文化"，媒体应该积极利用自己的舆论导向功能引导人们团结合作、和平友爱。[115]

教宗牧灵访问的范围非常广泛，足迹几乎遍及地球上的每一个角落。他针对不同国家和地区的具体情况，提出不同的教导：在贫穷落后的第三世界国家，他宣扬要维护人们基本的生存权，号召要保障人们得享有尊严的生活的基本条件，他致力于种族的平等及和平共处，他维护工人等弱势群体的合法权益；而在富裕的西方国家，他则提倡要维护孩子们的权利和尊严，指出要重视病人及老人的价值和尊严，他关心妇女的尊严，呼吁守望相助的精神。他尤其对美国寄予很大的期望，他建议美国稍稍降低生活的标准而与第三世界国家分享和平衡财富。[116]教宗希望美国能成为整个世界的灯塔，带领并联合西方国家共同扶持和帮助第三世界国家的发展。教宗进行牧灵访问虽然都针对许多的具体问题，但是他的核心主题无外乎三点，即，倡导社会正义、践行政治策略以及宣扬天主教义。首先，教宗是倡导社会正义的主要领导人之一，他钦定新的《天主教教理》，在教会的官方训导中高举社会正义。他依据奥古斯丁的教导，指出美国入侵伊拉克的战争是非正义的战争，他希望人们制定使用武力的标准以减少冲突。他重视2000年的千禧年，希望借此机会为教会的一些过错和不义行为而求得谅解，进而提升教会的形象。其次，教宗在牧灵访问中运用政治策略以实践自己的人性尊严理论。梵蒂冈毕竟是一个主权国家，它不可避免地要参与到国际政治领域内，而兼职梵蒂冈国家元首的教宗若望保禄二世的政治观点就显得更加重要。教宗重视人的价值和尊严，强调人是社会政治生活的核心，因而他的基本出发点就是维护人的基本权利和尊严。他的政治观点不仅对其祖国波兰有很大的影响，而且对整个东西方世界的格局及发展变化都有很大影响。最后，教宗牧灵访问的主要任务和目的之一就是宣扬天主教义，他也将这种福传工作视作维护人权和人性尊严的重要手段。因为在教宗看来，人的自由和尊严只有在基督的救恩中才能得到完满的实现。[117]教宗的牧灵访问是推进天主教福传工作的强有力的手

---

115 参见教宗若望保禄二世，《1999年世界和平日文告》，第12节.

116 Edward J. Renehan, Jr. *Pope John Paul II,* Chelser House Publishers, 2007, p. 66.

117 See, William J. La Uue, J.C.D., *The Chair of Saint Peter—A history of the Papacy*, Orbis Books, 1999, p. 288.

段，教宗是全体天主教神职人员的核心领袖，他以圣座的权威领导整个天主教会的发展。他在牧灵访问中所发表的演讲，发布的通谕、劝谕、牧函及文告等既指导全球天主教徒的生活，而且也坚固他们的信仰。教宗推崇玛利亚的信仰，进而重视妇女们在教会内的地位和使命，号召尊重和维护妇女的尊严和价值。面对教会内爆发的性丑闻事件，教宗及时地予以谴责和道歉，并积极地采取措施修复教会的形象。总之，教宗通过周游世界的方式，既传扬天主教的教义、领导天主教徒的信仰和生活，同时也实现与世界的交流、践行他维护人权和人性尊严的理论。教宗的影响是巨大的，他无愧为 20 世纪最有影响力的教宗。

3.3.2 发起宗教对话以缔造和平

除了周游世界进行牧灵访问外，积极发起并参与宗教对话也是教宗实践人性尊严理论的一个重要方式。众所周知，宗教排他性的特点使得各宗教之间的矛盾冲突不断，严重威胁着世界的和平与稳定。在教宗看来，宗教间的不相容与冲突对立是人性尊严的致命伤，他呼吁宗教间的交谈与对话，指出各宗教间的团结协作、和平对话是人性的尊严得到尊重与维护的必要条件。而只有每个人的人性尊严都得到妥善的维护，世界的真正和平才有可能实现。因而，教宗积极发起并参与宗教对话以缔造世界和平，将与其他宗教建立一种和谐的关系视作自己的使命之一，这其他宗教不仅包括基督宗教的其他两个大派别，即基督新教和东正教，也包括佛教、伊斯兰教及犹太教等与基督教不同的信仰系统。教宗曾两次在意大利的阿西尼聚集世界主要宗教的领导人，交流对话以共同祈祷和平。教宗深信，"无论目前抑或未来，各个宗教都会在巩卫和平，建立配得上人的社会，这些工作上，占有显著的位置。"118

在对待其他宗教的问题上，教宗有自己的理论及立场。然而，阐述教宗的宗教对话理论之前，我们有必要简单回顾一下基督宗教神学传统对待其他宗教的立场和观点。在基督宗教发展的历史中，从来不乏对其他宗教和信仰系统的态度和观点，概括而言，主要有三种论点，即排他论、包容论和多元论。其中排他论在基督宗教的传统中一直占据主流地位，它宣称唯有基督宗

---

118 John Paul II ,*Centesimus Annus,* No. 61, *see The Encyclicals of John Paul II,* Edited with Introductions by J. Micheal Miller, C.S.B., Our Sunday Visitor Publishing Division, Our Sunday Visitor, Inc., Huntington, Indiana, 46750, 1996.

教才是人获得拯救的唯一道路，第三世纪的西比安提出"教会之外无拯救"的观点，从而成为天主教对待非天主教的信仰传统的普遍观点。包容论对其他宗教持一种较为积极的观点，按照包容论的观点，其他宗教可以通过基督的恩典临在不同的宗教传统中而获得救赎，因为基督要拯救所有的人。多元论的观点则坚持除了通过基督的恩典获得拯救外，人们还可以通过许多的信仰方式寻求并获得真理及拯救。[119]教宗若望保禄二世在对待其他宗教的观点上是一个典型的包容论者，按照教宗的观点，"基督是所有的人的唯一救主，是唯一能够启示天主并带人归向天主的人。……对所有人来说——犹太人和外邦人一样——救恩只能来自耶稣基督。"[120]并且，这救恩是主基督赐给所有人的，不仅给那些明确信仰基督并加入教会的人，也赐给那些没有机会认识或接受福音及不能加入教会的人。教宗指出，这些人通常"是在其他宗教传统中长大。对这些人民来说，基督的救恩是因由恩宠而接近，他们与教会虽有奥秘的关系，但这恩宠不使他们正式地成为教会的一部分，但以适合他们的精神和物质状况的方式启迪他们。这恩宠来自基督，它是他牺牲的成果并由圣神而通传。它使每一个人借着他或她的自由合作得到救恩。"[121]教宗借着梵二会议的教导，强调各个宗教的"做事与生活方式，以及他们的规诫与教理，虽然在许多方面与天主公教所坚持、所教导的有所不同，但往往'反映着普照全人类的真理之光'。"[122]教宗相信，"圣言的种子"存在于所有宗教里面，是所有宗教的救世的共同根源。[123]

教宗倡导各宗教之间要真诚交谈、和平对话，他将宗教交谈视作教会传播福音使命的一部分。教宗指出，"在基督内，天主召唤所有民族归向他，他愿意与他们分享他的启示和爱的完满。他以许多方式借着人们的精神富藏，成功地使自己出现，不仅临在于个人，而且也临在于全体人民，他们的宗教就是他们精神富藏的主要而基本的表达，即使有时它们含有'差距、不完美和错误'。"[124]此外，教宗将宗教交谈与天主教的福传工作连结起来，

---

119 See Byron L. Sherwin and Harold Kasimow edited, *John Paul II and Interreligious Dialogue*, Orbis Books, Maryknoll, New York, 1999, pp.2-5

120 教宗若望保禄二世，《救主的使命》通谕，第 5 节.

121 同上，第 10 节.

122 John Paul II, *Crossing the Threshold of Hope*, Edited by Vittorio Messori, Alfred A. Knopf, Canada, 1994, p. 80.

123 See, John Paul II, *Crossing the Threshold of Hope*, p. 81.

124 教宗若望保禄二世，《救主的使命》通谕，第 55 节.

肯定其他宗教对天主教会的积极作用，认为其他的宗教传统能激励教会发现和认知基督临在和圣神在工作的讯号，促使教会检讨自己的身份，进而推进基督的福传事业。教宗还对宗教交谈提出了具体的要求，他强调这交谈要建立在希望和爱德上，要求"凡致力于这种交谈的人，必须贯彻他们自己的宗教传统和信念，而且胸襟开阔去了解对方，没有伪装或狭窄的心意，以真理、谦逊和坦诚，知道交谈能充实每一方。必须不放弃原则也不应有虚假的和谐主义，反之，都应是在见证方面，彼此的授受，使得双方在宗教探索和体验的道路上都有进步，同时使得人们能消除偏见、不容忍和误解。"[125]

教宗有着丰富的宗教知识，对各大宗教的教义和发展都有着自己的见解，这也是他发起并积极参与宗教对话的理论基础。在这里，我们特别提及教宗对佛教、伊斯兰教和犹太教的理解，这也是教宗宗教理论的核心部分。首先，对于佛教，教宗将其视作一种"无神论"的体制，虽然他肯定佛教也是一种救世的宗教，但是他区分了佛教的救世论与基督宗教的救世论。按照教宗的观点，佛教的救世论是消极的救世论，他将佛教的"顿悟"归结为彻悟到世界是恶的，是人罪恶与痛苦的根源，而人只有脱离这罪恶的世界才能得救，即达到涅槃，一种对世界完全无动于衷的境界。教宗解释到："为了从罪恶中解脱，人必须从世间解脱，使我们自外在现实的束缚中解脱出来，这种束缚存在于我们的天性、我们的心理、我们的肉体上。我们越是从这些束缚中得到解脱，越是对存在与世间的一切不动心，越能从来自世间的痛苦与罪恶中得到解脱。"[126]而天主教的救世论则是积极的救世论，教会正视世界及人类的价值，强调至高的天主创造了人类及整个世界，并喜爱自己的杰作。虽然世界不幸被罪恶奴役，但是天主赐下他的独生子替人赎罪，借着十字架上的牺牲和复活救赎了人类和整个世界。在教宗看来，天主教的救世论强调爱和希望，肯定世界在人的救赎过程中是有价值的，天主整个救赎计划的目的就在于使人类和世界得到改造而臻于完善。教宗依照梵二大公会议的教导，指出佛教将世界看做人类痛苦的来源，进而产生遁世的世界观是错误的，因为它妨碍了人类及世界的发展。

其次，教宗对于伊斯兰教这个与天主教比较接近的宗教也有着深刻的认识和理解。教宗多次在牧灵访问中与穆斯林人士会晤，特别是在对摩洛哥的

---

125 同上，第 56 节.
126 John Paul II, *Crossing the Threshold of Hope*, pp. 85-86.

访问时，穆斯林青年们开放接纳教宗的话使其深受震动。教宗尊敬穆斯林们虔诚的一神信仰，指出穆斯林对祈祷的忠诚是天主教徒学习的榜样。然而，教宗却并不认同伊斯兰教的教义，在他看来，至高的天主在伊斯兰教中只不过是一个与世隔绝的、具有绝对威严的天主，而不是一个与人同在的、充满爱的天主。伊斯兰教虽然也提到了耶稣和玛利亚，但是对于天主教的核心——关于爱和拯救的思想却并没有涉及，教宗因此断言，"伊斯兰教不是一个赎世的宗教"[127]。因而，伊斯兰教与基督宗教不仅在神学上有重大差别，在人学上也相去甚远。即便如此，教宗仍然重视伊斯兰教的重要性及与其对话交流的紧迫性，他呼吁双方忘掉过去的争端和仇恨，互相达成真诚的谅解以共同维护人类的社会正义、道德秩序、和平与自由。[128]当然，教宗也认识到伊斯兰教基要主义对人权和宗教自由原则的片面阐释，从而为交谈带来很多困难，然而，教会仍愿向伊斯兰教敞开交谈与合作的大门。

最后，教宗对于犹太教的态度和理解与其对待佛教和伊斯兰教有很大不同，这既与教宗早年的经历有关，也与犹太教与基督宗教在神学上的密切渊源有关。教宗称犹太教是与天主教最为接近的宗教，是旧约天主子民的宗教。[129]教宗从青年时代开始就与犹太人相处融洽并结下了深厚的友谊，而二战期间身处波兰的他更是亲身经历了纳粹分子对犹太人的残忍屠杀，从而在他心里产生了很大的震动。梵二大公会议颁布的《教会对非基督宗教态度宣言》中阐明了对犹太教的主要观点：即，教会在探讨奥迹时认识到了其与犹太教的所有联系；教会主张不应将基督的受难不加辨别地归咎于全体犹太人或今日的犹太人；教会承认犹太人仍是天主所爱的选民而反对任何时代任何人发动的反犹太人民的措施。[130]教宗若望保禄二世遵照梵二会议的教导，对犹太教及犹太民族表现出了极大的尊重和爱。教宗上任以来，在牧灵访问中曾多次会见各地的犹太民众并向他们发表演讲，表达他的歉意、尊敬和友好之情。教宗在他公开发表的关于犹太教和犹太人民的讲话中，一遍遍地声明：天主从来没有撤销与犹太人民立下的神圣之约，无论是在新约中，还是在任何一部福音书中，犹太人永远是天主所爱的选民。教宗称犹太人是基督徒在信仰

---

127 John Paul II, *Crossing the Threshold of Hope*, p. 92.
128 See, John Paul II, *Crossing the Threshold of Hope*, p. 93.
129 Ibid., p. 95.
130 参见《教会对非基督宗教态度》宣言，梵蒂冈第二届大公会议文献，1965 年 10 月 28 日，第 4 节.

上的兄长，号召广大天主教徒尊重爱戴这位兄长，并与之互相沟通，和平共处。特别值得一提的是，1986 年，教宗若望保禄二世成为天主教历史上首位踏足罗马的犹太会堂的教宗，他也是首位拜访耶路撒冷的哭墙的教宗，此外，若望保禄二世还是首位正式承认以色列国的教宗，并于 1993 年代表梵蒂冈与以色列建立了完全的外交关系。

　　教宗在发起宗教对话缔造世界和平上最突出的努力就是两届阿西尼会议的召开。这两届会议都是教宗发起的，会议作出的主要决议也都体现了教宗本人的思想，是教宗积极展开宗教对话并在不同的信仰传统内发展友好关系的努力尝试。这两次会议都在意大利翁布里亚地区的小城阿西尼召开，教宗指出，选择阿西尼城举行"世界和平祈祷日"（World Day of Prayer for Peace）是因为那里是圣弗朗西斯（St. Francis）的故乡，而圣弗朗西斯是和平、和好与兄弟情意的象征。[131]会议的主要目的就是聚集各大宗教领袖共同祈祷世界和平，共议建立一种爱的文明。第一届阿西尼会议于 1986 年 10 月 27 日召开，会议聚集了各大宗教的领袖们，包括坎特伯雷大主教，东正教的主教们，伊斯兰教的伊玛目、毛拉等，佛教、基督新教、犹太教和印度教的领袖，以及神道教、拜火教、非洲传统宗教和美国本土宗教的领袖们等。作为一个象征性的事件，这次会议的规模是空前的，同时，这次会议的内容也是非比寻常的。会议的核心主题就是运用各大宗教领袖作为人们精神核心的特质，将精神领袖们祈祷和平的行为作为引导各民族、各文化及各宗教共建稳定的全球和平的基础和资源。教宗认为，每一个人都应成为世界和平的积极参与者，而各大宗教则因对个人的巨大影响力而成为转变整个社会的强大力量。因而，宗教领袖们对和平的共同祈祷必然能促进社会真正和平的实现。第一届阿西尼会议对教会本身产生的影响是巨大的，它使教会既获得了赞赏，同时也招致了一些批评之声。天主教会内部人士大多赞成教宗的这一举动，并在对其他宗教的态度上深受启迪，然而，教会内少数的传统主义者（Traditionlists）则持反对态度，他们公然藐视罗马和教宗的权威，将阿西尼事件视作教宗的叛教行为。[132]第二届阿西尼会议召开于 2002 年 1 月 24 日，即美国 9.11 事件四个月之后。这次会议除了召集各大宗教领袖们共议世界和平之外，教

131 See, Byron L. Sherwin and Harold Kasimow edited, *John Paul II and Interreligious Dialogue*, Orbis Books, Maryknoll, New York, 1999, p. 56.

132 See, Byron L. Sherwin and Harold Kasimow edited, *John Paul II and Interreligious Dialogue*, p. 54.

宗还特别提及了抵制恐怖主义的主题。在教宗看来，恐怖主义是目前当务之急的重大问题，各大宗教必须联合起来运用自身的道德力量来抵制恐怖主义，而各大宗教及其领袖们有能力也有责任联合起来共同抵制各种仇视、武装冲突及恐怖主义等暴力行为。两次阿西尼会议的成功召开，既体现了教宗对其他宗教真诚友善的态度以及积极寻求对话合作的努力，同时，也对世界的和平与发展产生了一定的推动作用。有学者指出，两届阿西尼会议应当因其对人类共同未来的美好果效而受到积极合理的评价。[133]

通过教宗对其他宗教的态度以及他致力于宗教交流对话的种种努力，我们可以看出，教宗作为天主教的最高领袖，一直试图寻求与世界上所有的其他宗教交流合作，和平共处。然而，按照教宗自己的观点，只有罗马天主教才构成了最真实最纯正的信仰形式，只有天主教会得到了天主神圣而完全的赐福，而其他的宗教传统只有顺服梵蒂冈的领导且并入到天主教会的教义中才能实现自身的信仰。鉴于此，结合教宗特殊的身份和立场，我们可以认识到，教宗对其他宗教传统伸出的任何一次橄榄枝无不暗含着他的福传意图，他试图引导其他宗教信仰中迷失的信徒真正地与天主相遇合一。即便如此，教宗致力于宗教对话及缔造世界和平的努力仍带来了客观的效果，对宗教间的和平共处及世界与人类的未来发展做出了突出贡献。

综上所述，教宗人性尊严理论的形成既以他早期的哲学人类学思想中对人及其价值的关注为基础，同时又与其作为教宗所坚持的神学立场有关。人性尊严理论是教宗神学人类学思想的核心宗旨，教宗的一生都在致力于宣扬和维护人性尊严，他既在教导中阐明了他的人性尊严理论，同时又通过他的一系列活动实践着自己的理论。教宗对人性尊严理论的阐述主要体现在他的教导中，包括他所颁布的通谕、劝谕、牧函、文告以及他所发表的演讲和参与的对话。而教宗对人性尊严理论的实践主要体现在他周游世界进行牧灵访问的活动中，以及他发起并参与的宗教对话中。在这些活动中，教宗既致力于人权的维护，同时也努力地缔造世界和平，通过这些努力，教宗践行着他的人性尊严理论。教宗在他的教导中主要阐明了人何以具有尊严以及该如何维护人性的尊严，同时还表达了他对特殊群体尊严的关注。在阐明人何以具有尊严时，教宗从至高的创造者和作为被造者的人两个角度进行分析，既指明天主是人性尊严的根源和基础，同时强调人的自由意志和行为对实现人性

---

133 Ibid., p. 57.

尊严的重要性。在论述如何维护人性尊严时，教宗主要坚持三点原则，即，首先，教宗坚持自由是维护人性尊严的基础和条件；其次，教宗坚持对人权的维护是实现人性尊严的根本保障；最后，教宗提出参与和爱是维护人性尊严的根本方式。除此之外，教宗还表达了他对特殊群体尊严的关注：他关注穷人的尊严，提出穷人优先的原则；他注意维护妇女的尊严，强调妇女的圣召使命；他特别关爱青年人的尊严，鼓励和劝勉青年人归向天主、热爱生活；他关心移民、难民及患病人士的尊严，提倡爱德和守望相助的精神。以上就是教宗对人性尊严理论的阐述，通过这些阐述，教宗宣扬了他对人性尊严的尊重和关注，同时，教宗还在自己的实际行动中践行人性尊严理论。他周游世界，将牧灵访问作为他与天主教地方机构及普通信徒交流的方式，同时作为他与世俗社会交流的重要手段。他借助传媒所带来的社会影响力来宣扬天主教义及表达自己的思想，他在牧灵访问中针对不同国家和地区的具体情况，提出不同的教导，他关心贫穷落后的第三世界国家，同时对美国提出殷切希望。他倡导社会正义，并运用自己的政治策略践行对人性尊严的维护，他宣传天主教义，不断推行自己的福传使命作为维护人性尊严的重要手段。他发起宗教对话，倡导宗教间的真诚交流，他对世界各主要宗教有着自己独特的理解，并将之作为其宗教对话理论的基础。他召开两届阿西尼会议，联合世界各宗教信仰体系共同祈祷世界和平。教宗对宗教对话的重视和参与既体现了他对其他宗教真诚友善的态度，同时也表现出了教宗致力于维护人性尊严及世界和平的努力。

教宗的人性尊严理论和实践有着深刻的神学基础和思想渊源。首先，作为教宗神学人类学思想的核心宗旨，人性尊严理论体现着教宗最根本的神学思想，因为它们根源于圣经对人性尊严的启示。同时，教宗作为圣伯多禄继承人的特殊身份使他必然处于天主教社会训导的传统中，因而其人性尊严理论必然要以天主教社会训导中对人性尊严的宣扬和维护为思想源泉。这是教宗神学思想的特点，因而，我们有必要分析圣经对人性尊严的启示和规定，阐明教宗人性尊严理论的神学基础，同时论及人性尊严理论在天主教社会训导传统中的发展，指出其是教宗人性尊严理论的思想源泉。

第4章 若望保禄二世人性尊严理论的神学阐释

在以上的章节中，我们从教宗若望保禄二世的生平入手，阐明了教宗的个人经历和思想渊源，并且深入分析了教宗早年的神哲学积淀，特别论述了他的伦理神学和哲学人类学，指明这些早期的神哲学积淀是教宗的神学人类学，特别是他的人性尊严理论的神哲学基础。在这样的基础上，我们详细探讨了教宗的人性尊严理论及其实践，指出对人性尊严的尊重和维护是教宗神学人类学的核心宗旨。教宗关注人及其价值和尊严，进而关心和人有关的所有社会问题，因此，他的人性尊严理论是天主教伦理思想的一部分，属于教会社会伦理思想的范畴。在本章中，我们将把教宗的人性尊严理论置于天主教伦理神学的传统中进行分析和阐释。我们知道，天主教的伦理神学主要有三个源泉：圣经、教会训导传统以及人的理智。其中，圣经是一切伦理神学的基础和依据；教会训导传统因其随时代发展变化的特性成为伦理神学的思想源泉；而人的理智通过对圣经和教会训导的响应，经教父和神学家的论述表现出来，有些后来渐渐成为教会的传统，进而成为教会训导的思想来源。因而在本章中，我们将从对圣经中对人性尊严的启示和规定入手，指明圣经是教宗人性尊严理论的神学基础，同时，我们还将从天主教会的社会训导传统入手，指出尊重和维护人性尊严是社会训导的核心原则和宗旨，并论述教宗人性尊严理论对教会社会训导传统的继承与发展，从而阐明教会的社会训导传统是教宗人性尊严理论的思想源泉。[1]

1　注，关于人的理智对于教宗人性尊严理论的作用，因其复杂而不宜界定的特性，本章中将不做探讨.

4.1 圣经的启示是若望保禄二世人性尊严理论的神学基础

天主教内历来重视圣经的启示，尤其近一百年以来，作为教会官方话语权代表的教会训导对于圣经的强调最为显著："教宗良十三世在《极上智的天主》通谕中称'圣经是神学的灵魂'，并说明应如何诠解圣经。其后，本笃十五世《施慰圣神》通谕、比约十二世《圣神默示》通谕及《人类》通谕等都对圣经的应用提出了指示。"[2]到梵二会议时，天主教提出返回圣经的口号，《天主的启示教义宪章》24号明确指出，"圣经包括天主的话，因为是默感的，真正是天主的话；所以圣经的研究当视作神学的灵魂。"[3]同时会议还提出改进伦理神学的方法，指出"其学术性的解释应受圣经更多的滋养"[4]，由此，梵二会议认定伦理神学不以圣教法典为根基，而以圣经为依据，大公会议的权威最终确定了圣经作为天主教伦理神学依据的地位。[5]教宗若望保禄二世受到梵二精神的深刻影响，因而也将圣经视作其神学思想的基础和依据。教宗在发布教导时总是引用圣经的话语作为依据和佐证，他对人性尊严的尊重和维护也都源自圣经对人性尊严的启示。接下来，我们将从圣经中关于人与天主的关系、人与被造世界的关系以及人与社会习俗的关系的启示来具体阐释圣经对于人性尊严的观点，从而分析圣经的启示对教宗人性尊严理论的基础作用。

首先，圣经对人性尊严的启示主要集中于阐明人是按照天主的肖像创造的。在旧约圣经中，《创世纪》就曾三次提到天主的肖像，第一次出现于关于创世的描述中，"天主说：'让我们照我们的肖像，按我们的模样造人，叫他管理海中的鱼、天空的飞鸟、牲畜、各种野兽、在地上爬行的各种爬虫。'天主于是照自己的肖像造了人，就是照天主的肖像造了人：造了一男一女。"（创，1: 26-27）这是圣经中关于人是按照天主肖像创造的最直接显著的表述，

---

2 吴智勋，《基本伦理神学》，香港思维出版社，2000年5月初版，第45页.

3 《天主的启示教义宪章》第24号，天主教梵蒂冈第二届大公会议文献，天主教上海教区光启社，2001年12月，第99页.

4 《司铎之培养法令》第16号，天主教梵蒂冈第二届大公会议文献，天主教上海教区光启社，2001年12月，第309页.

5 注，上文论述有关天主教对待圣经的态度见本人的硕士学位论文《论梵二会议以来天主教婚姻观的发展——以教会训导为中心的考察》中的第一章第一节的总述部分.

是圣经对人性尊严的核心启示。《创世纪》中第二次提及天主的肖像是在第五章的开始，"以下是亚当后裔的族谱：当天主造人的时候，是按天主的肖像造的，造了一男一女，且在造他们的那一天，降福了他们，称他们为'人'。亚当一百三十岁时，生了一个儿子，也像自己的模样和肖像，给他起名叫舍特。"（创，5：1-3）这里圣经列出了关于天主与其创造物及亚当与其后裔的对比，即，人作为天主的创造物是按照天主的形象创造的，而亚当的后裔也有亚当的模样和肖像。圣经提出这种对比意在指明，人对天主肖像的分享也在人的后裔中承续下来，人正是通过生养下一代来传续自己获自天主的生命和尊严。《创世纪》中第三次出现天主的肖像是在洪水的故事中，"天主降福诺厄和他的儿子们说：'你们要滋生繁殖，充满大地。……我要追讨害你们生命的血债：向一切野兽追讨，向人，向为弟兄的人，追讨人命。凡流人血的，他的血也要为人所流，因为人是照天主的肖像造的。……'"（创，9：1-6）在这里，圣经指明人因为按照天主的肖像被造，则必然具有生命的基本权利。上述三段经文可以视作圣经关于人性尊严的基本理解和启示，即人是按照天主的肖像创造的，而人通过生育繁殖来传续天主赐下的生命及尊严，同时，因为拥有天主的肖像，人有生命的基本权利。

《创世纪》中阐明了人是按照天主的肖像被造的，这种对于人性尊严的直接启示为圣经的其它书卷关于人性尊严的观点奠定了基调，旧约的其它书卷中也直接或间接提及了人是天主的肖像这一观点。旧约中直接提及天主肖像的还有《智慧篇》的第二章和《德训篇》的第十七章[6]，《智慧篇》中解释道："其实天主造了人，原是不死不灭的，使他成为自己本性的肖像；但因魔鬼的嫉妒，死亡才进入了世界。"（智，2：23-24）圣经在这里清晰地阐明，因着天主神圣的肖像人的灵魂和身体才都成为圣洁的和永恒的，但是魔鬼的嫉妒和人的悖逆使人所拥有的天主肖像受到损坏，人的灵魂堕落污秽，身体也陷入必死的囹圄。《德训篇》更强调"上主用尘土造了人，又使人归于尘土；给他限定了日数和时期，赐给他治理世上事物的权力。按照自己的本性，赋给他德能；依照自己的肖像，造成了他。使一切生物都畏惧他，使他能制服禽兽。天主又从他，造了一个与他相似的伴侣，赐给他们理智、唇舌、眼目、耳朵和能思想的心，使他们充满知识与理解力。"（德，17：1-5）这段经文

6　注，此两卷书为天主教圣经比基督新教圣经多出来的七卷书中的两卷，所引用经文皆参照思高本圣经.

既重申了《创世纪》中天主照自己的肖像造人，并命他治理大地的启示，同时又明确解释了人因为分享天主的肖像而获得的理智的能力和自由意志。除了直接提及天主肖像的，旧约中还有一些书卷，如《出谷纪》、《肋未纪》以及一些先知书，这些书卷虽未直接阐明人是天主的肖像，但却通过阐述神人之间的关系来揭示人分享了天主的肖像。例如，《出谷纪》中，天主预告以色列人，"你们为我应成为司祭的国家，圣洁的国民。"（谷，19：6），《肋未纪》中天主颁布"……你们应是圣的，因为我是圣的"（肋，11：45）的诫命。在这里，成为圣洁意为使人们在纯洁、超越性和公义等方面更肖似天主，而人只有一直谨守天主与以色列人立下的永约并遵循摩西颁布的律法，在不断地朝向天主的努力中才有可能使自身因为罪的缘故而受到损坏的天主肖像慢慢恢复。

在接续旧约的新约中则出现了多次"天主的形象、肖像（image）、相似、模样"的说法，还有一些类似的提法和概念，例如"天主的子女，天主子及有份于天主性体的人（partakers of the divine nature）"等，并且，这些对天主肖像的表述多是指称耶稣基督的，如《哥罗森书》中说，"他是不可见的天主的肖像，是一切受造物的首生者。"（哥，1：15）《格林多后书》中也称基督为天主的肖像，能光荣福音的光明。（参格后，4：4）《希伯来书》中更清晰地指明，基督"是天主光荣的反映，是天主本体的真像，以自己大能的话支撑万有。"（希，1：3）在这些描述中我们发现，这里有一个清晰的连接，就是把《创世纪》中天主的肖像与基督信仰的核心部分——道成肉身，即不可见的天主取了人的样式成为耶稣基督拯救人类连接起来。正如宗徒保禄所说，"你们该怀有基督耶稣所怀有的心情：他虽具有天主的形体，并没有以自己与天主同等，为应当把持不舍的，却使自己空虚，取了奴仆的形体，与人相似，形状也一见如人。"（斐，2：5-7）新约用《创世纪》中所启示的天主肖像来诠释基督的降生：起初，天主照着自己的肖像造了人，然而，这肖像却因为人的骄傲和悖逆被损坏甚至失去了，因此，这肖像需要基督这个天主完美的肖像来修复。耶稣基督是天主的儿子，是天主完美的肖像，他虽取了堕落人的身体和样式，但因为是天主完美的肖像从而能够修复人所失却的天主的肖像。

至此，圣经中关于人性尊严的基本理解已呈现出来，即，人是按照天主的肖像创造的，人分享天主肖像的同时也获赐了理性的能力和自由意志，并且，因着这神圣的肖像人能得享灵魂的纯洁和身体的永恒。但是人受到魔鬼的诱惑，运用自己的自由意志选择了悖逆天主，从而使自身拥有的天主的肖像被损坏。即使这样，天主仍没有离弃堕落的人，他仍然守护人之为人最基本的生命权利，并且赐下他的独生子，也就是他完美的肖像，采取堕落人的样式拯救人恢复天主的肖像。圣经以天主的肖像为核心线索，贯穿了人的创造、堕落及救赎，通过这一系列的启示，阐明了人所以具有尊严的基础就是作为天主肖像的特殊恩赐。教宗对于人性尊严的神学阐释就是以圣经的这一启示作为基础的，教宗也强调人所以具有尊严就是因为人是按照天主的形象和样式被造的，这是教宗人性尊严理论的基础，并且教宗强调，因为具有天主的形象，人拥有理性的能力从而能通过自身的选择而在基督内实现转变而恢复因罪损坏的天主肖像，实现无上的尊严。此外，圣经对人是天主肖像的启示还彰显出了人因为具有尊严而拥有的生命和生育繁殖以传续生命等基本权利，从而成为了教宗强调通过维护人权来保障人性尊严的基本神学依据。

其次，圣经对人性尊严的启示还强调将人置于被造世界的中心，指明人被天主赋予权力管理飞鸟、鱼类及牲畜等，从而在因创造而确定的自然等级次序中高举人性的尊严。让我们回到创世的原初背景中，我们会发现，天主创造自然生物时基本是按照一个从低级到高级的次序，即从地上的青草、蔬菜、树木等植物到水生的动物及天空的飞鸟到陆地上的各种走兽，而天主将人的创造置于最后，指明要人管理海中的鱼、天空的飞鸟、牲畜、各种野兽、在地上爬行的各种爬虫，并将此作为恩福赐给人。（参创，1：1-31）这表明，天主创造了一个拥有等级次序的自然世界，而将人置于自然世界的顶点，使人拥有管理其它低等动物的权力。圣经的这种强调是对人及其价值的重视，通过这种强调也彰显了人具有无上尊严的特性。《圣咏集》的第八章以反问的口吻说道，"世人算什么，你竟对他怀念不忘？人子算什么，你竟对他眷顾周详？竟使他稍微逊于天神，以尊贵光荣作他冠冕，令他统治你手的造化，将一切放在他的脚下：所有的羊和牛，与野外的走兽，天空的飞鸟和海里的鱼类，及种种游泳于海道的水族。上主，我们的主！你的名号在普世何其美妙！"（咏，8：5-10）圣经以无比确定的语气重申了人在宇宙中的地位：人获得天主的恩赐而统治天主的一切造化。圣咏的这段经文可视作圣经关于人的价值与尊严的基本表达，即，人的尊严与荣耀通过他管理低等动物的权力而得到显明。除此之外，《德训篇》中也提及，天主赐给人治理世上事物的权力，从而使一切的生物都畏惧他，使他能制服禽兽。（参德，17：2-4）圣经虽然强调人是被造世界的中心，但对于天主为何会偏爱人则未直接解释，然而笔者认为，天主对人的偏爱及重视首要地是因为人是按照天主的肖像造的，彰显着天主的荣耀，其次是因为人从天主而获赐了理性的能力，从而人能通过自己的理智和自由意志管理大地，做天主在地上的仆人。

通过上述三段经文的分析，我们发现，圣经特别重视人的价值，强调人有管理万物、治理大地的权力，指明这既是人的权力，也是人分享天主肖像而具有的特性。教宗若望保禄二世对人自身价值和尊严的重视是与圣经的这一强调相一致的。教宗特别从人的角度阐述了人如何在行动中表达并实现自身的尊严，他分析指出，人与被造世界万物的区别，不仅在于人分享了天主的肖像，而且更重要的是，人因为分享天主的肖像而成为理性的动物。教宗以圣经对人的价值和尊严的高举为神学依据，并结合他早期的哲学人类学积淀，因而在从人的角度论述人性尊严时广泛阐发，虽高举人的理性和行动的重要性，却也指出其局限性。教宗强调，正因为人的始祖错误地运用了自由意志，才使人的理性黑暗，自由也被破坏，人因而不能依靠自身的行动实现自身的尊严。耶稣基督是天父的独子，降生成人，以自己的爱和苦难为人赎罪，从而使人重新获得了天主的肖像。因此，教宗依照圣经的启示，强调人的价值和尊严，将人高举至被造世界的“中心和巅峰”，但同时，教宗也强调要为人的理性和行为设定界限，而这个界限就是基督，人要运用自由意志全身心地皈依基督，在基督的爱德内培育自己的道德良心，只有这样，人才能真正地实现自身的尊严。

最后，圣经对人性尊严的启示特别指明人的尊严是内在的，是属于人那不朽的灵魂和精神自由的内心的，社会的等级秩序不能影响人内在的尊严。根据圣经的观点，整个世界可以区分为三种等级次序：首先是天主创造的次序，这一次序由至高的不可见的天主到天主的完美肖像，即可见的天主之子耶稣基督，再到那些通过自身的努力而获得德行的天主子女。在这种次序中，天主的意愿是决定性的因素，天主愿意降下他的爱子取人的形象而施下拯救，同时，天主也劝诫人们要努力培养德行，如在《伯多禄后书》中，他说道：“……你们要全力奋勉，在你们的信仰上还要加毅力，在毅力上加知识，在知识上加节制，在节制上加忍耐，在忍耐上加虔敬，在虔敬上加兄弟的友爱，在兄弟的友爱上加爱德。”（伯后，1：5-7）通过自身的努力而获得德行的人也被称作天主的子女。其次是天主所创造的自然的次序，即，由分享天主肖像的作为家长的男人到同样分享天主肖像的作为男人助手的女人，再到男女共同管理的低等物种。在这种次序中，天主的意愿同样是决定性的因素，因为天主创造了这种自然的等级次序，并将人置于中心的位置以管理万物，而在男人和女人的关系上，宗徒保禄有明确的教导，他说"男人……是天主的肖像和光荣，而女人却是男人的光荣"（格前，11：7）除了上述两种次序外，圣经还提及了第三种次序，那就是社会习俗的次序。耶稣基督明确区分了天主的王国和凯撒的王国，他说"凯撒的，就应归还凯撒；天主的，就应归还天主。"（玛，22：21）意为建立王国以及社会阶级，包括权利及财富的不均等等社会问题都是由社会习俗以及诸多审慎的理由决定的。因而，处于这三种秩序中的人的尊严则既是源自天主的肖像和恩赐，又通过自身的努力实现和成就，同时又是不受社会习俗的次序影响的。圣经指明，人的尊严不要求外在的认可，只倚赖人内在的精神的自由，即成为"属基督的"人（格前，1：12），完全地服从基督。

圣经对人性尊严的这种启示意在强调人的尊严是神赐的，是人内在的，因而是神圣不可侵犯的，是任何的社会及人为因素所不能损害的。教宗若望保禄二世就是站在圣经的这一强调的立场上，坚决地维护人性的价值和尊严。他对人性尊严的维护主要可归结为三点原则，即，首先，坚持自由是基础。教宗强调人的自由意志和自由行动在维护人性尊严中的基础作用，他特别重视人精神方面的自由，即宗教的自由，他称宗教自由是人格尊严的基本要求。其次，重视维护人权。教宗将维护人权视作实现人性尊严的根本保障，他反对任何危害人权的社会或人为行为。最后，强调参与和爱。教宗提出参与和爱是维护人性尊严的基本方式，既重视分享来自天主的爱德，同时也重视人的主体行动的作用。

综上所述，圣经在人与天主的关系中阐明人是按照天主的肖像被造的，这一启示成为教宗对人性尊严阐释的神学根基；圣经在人与被造世界的关系中将人置于中心和顶峰的地位，这一启示成为教宗高举人的价值和尊严的神学依据；圣经在人与社会习俗的关系中强调人的尊严是内在的，不受外在条件的影响，这一启示成为教宗强力维护人性尊严的神学立场。总之，圣经对人性尊严的启示奠定了教宗若望保禄二世人性尊严理论的神学基础。

4.2 社会训导传统是若望保禄二世人性尊严理论的思想源泉

对于天主教的社会训导，历来有广义和狭义两种理解，"从广义来看，天主教的社会训导包括了教会在整个历史上关于社会生活的所有观点和理论，而狭义的社会训导则指现当代教宗及主教们就我们时代的纷繁复杂的政治、经济和社会问题所颁布的一系列的文件。"[7]本文所要考察的社会训导传统是从狭义上来展开的，指明天主教的社会训导是天主教会根据圣经的启示，结合教会传统两千年来积累的处理社会问题的经验，对近现代以来出现的各种社会问题所作的精确而全面的论述，以提供给信友及相关部门的行动和思考的指导原则。天主教会的社会训导体现了天主教会在现代社会的新的关注点，并且在世界范围内产生了巨大的影响。教宗若望保禄二世对人性尊严理论的探讨和维护涉及现代社会的许多社会问题，并主要体现在他所颁布的教导中，因而，他阐明对人性尊严重视和维护的教导正属于天主教社会训导的范畴。教宗在论述人性尊严理论时必然要借鉴教会社会训导传统中对人性尊严的论述，教会的社会训导传统是教宗人性尊严理论的思想源泉。故而在本节中，我们将简要概述天主教社会训导的源起和特质，并指出尊重和维护人性尊严是社会训导的核心宗旨，同时，我们还要总结人性尊严理论在教会社会训导传统中的发展，进而论述教宗的人性尊严理论对社会训导传统的继承与发展。

4.2.1 天主教社会训导的源起及特质

天主教的传统非常重视教会的传承，认为教会是基督在地上的代理。而教会在处理社会及人的复杂事情时，经过仔细反省并结合世代累积的经验，依据福音来评判社会现实，从而做出的精确而又系统的说明就是教会训导。诚如教会法典指出："主基督曾将信仰宝库托给教会，使其因神圣的助佑，将启示的真理圣善的保全，精密的探究，忠信的宣报和阐明。教会有天赋的义务和权利，得应用本身所有的社会传播工具，不受任何人间权利的限制，向全人类宣讲福音。"[8]教会训导在天主教会内有着一个完整而系统的传承，

---

7 See, Kenneth R. Himes, O.F.M, *Responses to 101questions on Catholic Social Teaching,* Paulist Press, New York/ Mahwah, N.J. 5.
8 天主教法典（中文版）1983 年 1 月 25 日颁布，第 747 条第 1 项，第 146 页.

然而，在考察教会训导的传统之前，我们有必要解释一下何为天主教的"训导"。"训导"一词的拉丁文为 magisterium，源自 magister，为导师之意。起初，"导师"的称谓只留给基督，因为基督是唯一的导师，"你们也不要被称为导师，因为你们的导师只有一位，就是默西亚。"（玛，23：10）渐渐地，magisterium 含有赋予圣职人员权力的意思，代表了教会领袖的地位与权力，包括教导的权力，最后，magisterium 演变为专门指牧者的训导，包括教宗及主教颁布的训导。[9]对于教会的训导权，《天主教教理》中有明确的阐述："'正确地解释书写的或传授的天主圣言的职务，只委托给教会内活生生的训导当局'，即是与伯多禄的继承者——罗马教宗共融的主教们，'他们以耶稣基督的名义行使这权力'。"[10]可见，天主教会认为其训导权是天主所赋予的，而且只赋予给教会领袖——教宗及主教们。同时，《天主教教理》也清楚地为教会的训导职务定位，指出教会的训导必然在天主的圣言之下，"教会的训导职务并非在天主的言语之上，而是为它服务，这职务只教导所传授下来的真理。因为，训导当局因天主的命令和圣神的助佑，虔敬地聆听天主圣言，圣善地予以保管并忠信地加以陈述。训导当局提出为天主启示的一切当信之道，乃取自唯一的信仰宝库。"[11]这样，教理的阐释就为教会的训导确立了权威，指示信众应顺服这同出自天主信仰宝库的训导。

经过以上的解释，我们可以看到，天主教的教会训导实质是一种伦理神学，而这种伦理神学关注的焦点主要集中于"天主——教会——人"三者之间的关系，长久以来，教会训导都在不断地处理着社会变迁给三者关系带来的问题与挑战，形成了颇具护教色彩的教会训导传统。而对于社会伦理思想，教会训导一直较少关注。然而随着现代社会交流的广泛与发展的迅速，社会的开放程度越来越大，天主教对于社会问题也越来越重视，天主教的社会思想开始迅速复苏。有学者指出，"天主教关于社会问题的思想及相关论述可以追溯到古代教父时代，有着长时期的积淀。但它作为对于现实社会问题的系统看法和解决问题的具体原则，乃始于 1891 年教皇良十三世[12]发表的《新事》通谕。"[13]《新事》通谕的颁布具有历史性的意义，它是教会有史以来第

9　参见吴智勋，基本伦理神学，香港思维出版社，2000 年 5 月初版，第 77-79 页.

10　天主教教理，第 85 条.

11　天主教教理，第 86 条.

12　即教宗利奥十三世.

13　卓新平，当代西方天主教神学，上海三联书店，1998 年 5 月，第 140 页.

一个针对当代的社会问题提出观点，并制定解决问题原则的由教宗颁布的训导，它开启了教会社会训导的传统。自此，天主教的社会思想迅速崛起，并对社会产生巨大影响。[14]

《新事》通谕后，教会当局颁布了一系列的社会训导文件，包括通谕、劝谕、牧函、文告等等。一般而言，教宗若望保禄二世前的教会的社会训导文件主要是指九份普世教会颁布的训导文件。[15]从 1891 年教宗良十三世颁布的关注工人权利的《新事》通谕开始，随后的有 1931 年教宗庇护十一世为纪念《新事》通谕颁布四十年而发表的《四十周年》通谕，在这份通谕中，庇护十一世提出了"互补原则"（subsidiarity）以指引政府的管理机制；1961 年教宗若望二十三世颁布了关心社会发展中出现的贫富悬殊等问题的《慈母与导师》通谕；1963 年，他还颁布了《和平于世》通谕，通谕中探讨了个人、政府以至全人类的权利和社会责任；1965 年，梵二会议颁布《教会在现代世界牧职宪章》，主要针对教会在当今世界的使命及其与人和世界的关系等问题；1967 年，教宗保禄六世颁发关心社会及民族发展的《民族发展》通谕；1971 年，保禄六世发布纪念《新事》通谕发表八十周年的《八十周年》公函，呼吁教友通过参与社会政治生活来遏制不公义；同一年，世界主教会议的总结文件《世界的公义》问世，这份文件号召人们要为世界的公义而努力；1975 年，教宗保禄六世又发布了《在新世界中传福音》宗座劝谕，宣讲基督救赎为所有压迫带来的释放以及福音与人类解放和社会发展之间的密切关系。若望保禄二世前的社会训导传统主要涉及了四位教宗的思想及两次教会会议的相关成果。教宗若望保禄二世所颁布的通谕中有四篇也属于教会的社会训导文件，分别为 1979 年践行梵二会议精神的《人类救主》通谕，1981 年宣扬工作的意义和使命的《工作》通谕，1987 年针对种种社会问题所发布的《社会事物关怀》通谕和 1991 年纪念《新事》通谕百周年的《百年》通谕。

综观上述的社会训导文件，我们发现，天主教的社会训导是复杂多变的，它既关系着发展变化的社会条件，又关系着教会对于天主在历史中作为及伦理准则的不断深入的理解。教会的社会训导本质上而言是"一种针对社会问题的

---

14 注，上文关于天主教社会训导源起的论述引用了本人的硕士学位论文《论梵二会议以来天主教婚姻观的发展——以教会训导为中心的考察》的第一章第二节.

15 参见阮美贤、巫家庆、叶丽珊编，《正义道中寻——天主教社会训导简易本》，第16-17 页.

伦理神学"[16]，它几乎涵盖当今社会面临的所有主要问题，"譬如：正义、人权、自由、解放、发展、和平、自然环境、保护家庭、工人、被压迫者、少数民族、以及自由组织、国家和国际团体的责任。"[17]然而，天主教的社会训导从其出发点到采取的具体行动乃至到其行动的落实这三个环节都有着自己的特质[18]。首先，教会社会训导的核心出发点就是为了维护人性的尊严并关心人类社会生活各方面的需要。环绕着重视并维护人性尊严这一主题，教会的训导当局发展出了对各项迫切问题，诸如工人及弱势群体的权益、社会的不公义、各种歧视的存在、国家政权在社会生活中的角色、社会公益的实现等等的分析和回应，并提出了符合教会信仰原则的指导方针，从而引导教会信众及相关人士的反省和行动；其次，教会社会训导针对其核心关注而采取的具体行动就是提出了解决问题的宽泛原则，而没有提供具体的方案和教导。教会对某一具体问题的训导只是提供总的原则及发展方向，社会训导的这一特色，既彰显了其重视人性尊严的核心精神，并能启发个人和集体依据人性尊严审视各种社会问题，同时也为信徒留下了反省和演绎的空间，便于地方教会和信众根据各自的实际情况做出反思发展和实践。最后，教会社会训导提出的宽泛原则在落实的时候面临很多的困难，这也是教会社会训导的一大特色。基督宗教的信仰观是一种非常个人化的信仰观，信徒本身缺乏将自身的信仰与社会生活结合起来的意识，因而他们很少从信仰的角度讨论涉及政治经济制度或政策的公义、人权、贫富差距等问题，这种情况严重影响社会训导的落实。除此之外，教会毕竟是一个信仰组织，即便其提出了政治经济的教导也很难得到全体人们的同意，因而教会的社会训导落实起来面临很多的困难。

如前所述，重视和维护人性尊严是教会社会训导的出发点，也是它的核心关注，是教会社会训导提出的所有准则的唯一目标。对人性尊严的关注贯穿教会社会训导的整个传统，曾有学者指出，"人的尊严是连结所有这些教宗发布的及会议颁发的社会训导文件的主线"[19]。然而，教会社会训导对人性

---

16 卡利耶，重读天主教社会训导，光启出版社，1992 年，第 13 页.

17 同上，第 16 页.

18 参见阮美贤、巫家庆、叶丽珊编，《正义道中寻——天主教社会训导简易本》，第 7-10 页.

19 David Hollenbach, *Claims in Conflict: Retrieving and Renewing the Catholic Human Rights Tradition*, p. 42. See, Michael J. Schuck, *That They Be One: The Social Teaching of the Papal Encyclicals 1740-1989*, Georgetown University Press, Washington, D.C., 1991, p. 178.

尊严的论述也是一个从零散到系统、从片面到全面的发展过程。自《新事》通谕的颁布，天主教的社会训导兴起以来，各任教宗及其颁布的社会训导文件都对人性尊严有或多或少的论述，因而，分析并总结对人性尊严的关注在教会社会训导传统中的发展，能为我们探究教宗若望保禄二世人性尊严理论的思想源泉提供一个清晰的脉络。

4.2.2 "人的尊严"在教会社会训导传统中的发展

人的尊严是社会训导的内涵，也是社会训导提出的所有原则的基础。[20]若望保禄二世前的四任教宗在其颁布的社会训导文件中分别对"人的尊严"进行了不同层次的论述，两次教会会议的成果也都对"人的尊严"有不同层面的关注，"人的尊严"因而在社会训导传统中逐渐形成了一个表达上由模糊到清晰，阐述上由零散到系统的发展过程，而这一发展过程主要是以1962年梵二会议的召开作为时间上的分水岭的。梵二会议召开之前，"人的尊严"在良十三世的《新事》通谕中初露端倪；其后庇护十一世的《四十周年》通谕及若望二十三世的《慈母与导师》通谕对"人的尊严"的关注渐渐由模糊到清晰，对其的阐释也逐渐成形；而梵二会议召开后，若望二十三世的《和平于世》通谕和梵二会议三期会议的成果《论教会在现代世界牧职宪章》则明确而系统地对人性尊严进行了专门的论述和阐明，若望二十三世后保禄六世的三部文件及世界主教会议的成果《世界的正义》则继续巩固并发展了梵二会议的精神。本文接下来将按照如上的分期标准来具体分析相关的训导文件，从而总结出"人的尊严"在教会的社会训导传统中的发展和逐渐完善。

对"人的尊严"的关注在《新事》通谕中崭露端倪。教宗良十三世1878年就任，一直以来，他都十分关注社会政治问题。十九世纪末期，欧洲的工人阶级受到严重的剥削，极端贫困，面对这种社会现实问题，教宗良十三世于1891年5月发布了《新事》通谕，这是他发表的有关社会问题的第一份通谕，也是天主教社会训导的第一份文件。良十三世在这篇通谕中斥责了当时工人所遭受的不人道待遇，呼吁各国政府积极改革充满弊病的制度。他同时也修改了天主教有关工作、私有财产权的训导，使之适合时代的需要；他还提出了合作的原则来取代阶级斗争。教宗虽只有几处提到了"尊严"一词，但

---

20 参见，《教会社会训导汇编》，宗座正义和平委员会，Libreria Editrice Vaticana, 2004年，第91页.

是却为教会提供了一个重视人及其尊严的新的发展方向。良十三世在《新事》通谕中所阐述的"人的尊严"基本可以概括为以下的三点：首先，他强调人的尊严是人之为人最基本的特质。他提出了"人先于国家"的基本论断，指出"人是比国家更早，且早在任何国家形成之前，他即已享有供给其肉体之生活的权利了"[21]，并且他指出，就连天主也尊重人的尊严，因而人的尊严不容侵犯。[22]其次，他指责将人当做工具看待的行为，主张奴隶制度是对人性尊严的破坏。他对富人和雇主提出教训，提醒他们工人并不是他们的奴隶，他们对于每一个人都必须尊重其作为人的尊严。他进而推崇劳动是荣誉的工作，可以使人通过正当而可贵的方式维持生活。[23]最后，他坚持将人的尊严与道德生活联系起来，他论述道："一个人的真正的尊严和优越，乃是在他的道德的本质，那就是说，在于美德；美德乃是大家所共有的遗产，不论尊卑贫富，都同样可以分享，无论在什么地方发现了美德，它就是可以得到永久快乐之报酬，并且这报酬是只有美德才能获得的，不仅如此，天主本质似乎还更喜欢那些受苦的人，因为耶稣基督把穷人称为有福的。"[24]他强调真正的人类行为必须与人的尊严相一致。良十三世在他的通谕中只是提出了一个重视人性尊严的发展方向，对于究竟什么是人性尊严他没有深入具体地分析和阐释，对于该如何重视人性尊严他也没有提出具有可行性的原则，甚至对于破坏人性尊严的行为他也没有提出合适的处理和面对办法。因此，他对人性尊严的论述是非常有局限性的，人性尊严的思想在《新事》通谕中仅仅是初露端倪。

　　梵二会议之前，"人的尊严"在教会社会训导传统中逐渐被提升，最终获得了清楚明晰的阐明和正式的关注。庇护十一世于 1922 年继任教宗，他经历了一个世界政治和经济都有巨大变革的时代。政治方面，1917 年俄国大革命掀起了共产主义大思潮，法西斯主义也于 20 世纪 20 年代在意大利冒出头来，并于 1933 年取得势力；经济方面，1929 年至 1933 年的经济大衰退沉重地打击了全球的经济发展。[25]庇护十一世在《新事》通谕发表四十年后发表了

21　教宗良十三世，《新事》通谕，1891 年，第 6 节，戴明我译，香港真理学会，1949
　　年初版，1955 年再版. 准印者：白英奇主教.

22　参见教宗良十三世，《新事》通谕，1891 年，第 32 节.

23　参见教宗良十三世，《新事》通谕，1891 年，第 16 节.

24　同上，第 20 节.

25　参见阮美贤、巫家庆、叶丽珊编，《正义道中寻——天主教社会训导简易本》，第
　　24 页.

《四十周年》通谕，号召在这个动荡的社会中重新建立社会秩序。他在对"人的尊严"的看法上，既主张天主教的精神是人所以产生尊严感的原因，而尊严是发自人的内心的，是属于灵魂方面的东西，又重视天主教会和神职人员在唤醒人们的尊严上的重要作用。他号召通过教会及神职人员"不断的努力，把天主教精神灌输到工人们的心灵里去，这同时就能在他们身上唤醒一种真正的自尊感觉"。[26]庇护十一世还秉承《新事》通谕对处于弱势的工人权利的重视，强调人的尊严是人权的基础和源泉，他说"这种权利原是从劳动者作为人及作为天主教徒的尊严发生出来的"[27]。他在深入讨论社会和经济问题时着重评断了个人的权利和责任，他强调要维护个人参与社会的权利和拥有财富的权利，指出这是天主定下的法律并要用爱德和慈悲加以巩固，好使人们在思想上和心灵上能达到合一。[28]庇护十一世在"人的尊严"上虽然对人权有相当的重视，但是他所诠释的人的权利和责任是不完全也不系统的，尽管如此，他的这种观点还是为其后的教宗若望二十三世提供了一个明确地从人权的角度来阐扬人性尊严的发展方向。

教宗若望二十三世在天主教的社会训导传统中是非常特殊的一位教宗，他于1958年就任教宗，最主要的贡献就是召开了梵蒂冈第二届大公会议，"让新鲜的空气流入梵蒂冈的窗户，抖落自君士坦丁以来积聚在圣伯多禄宝座上的尘垢"[29]。我们在前面对教会的社会训导进行了一个大致的分期，即以梵二会议的召开作为分界点，教宗若望二十三世的两部社会训导文件《慈母与导师》通谕和《和平于世》通谕正好以梵二会议作为时间点，《慈母与导师》通谕发表在梵二会议召开之前，而《和平于世》通谕发表在梵二会议召开之后。因而，他的社会思想在这两部社会训导文件中也有很大的不同。在《慈母与导师》通谕中，若望二十三世相较于前两任教宗对"人的尊严"有了一个更为清晰的阐明和正式的关注。他明确地阐述了何为人性尊严并从两个方面阐明该如何维护人性的尊严。若望二十三世在社会训导中首次明确指出人是按照天主的肖像造成的，是天主的子女，因而人的尊严是源自天主的，是人所固有的。天主是万物的最初原因和最后宗旨，是真理、正义、

---

26 教宗庇护十一世，《四十周年》通谕，1931年，第23节，戴明我译，载于《社会秩序之重建》，香港真理学会，1949年.准印者：恩理觉主教.

27 教宗庇护十一世，《四十周年》通谕，1931年，第28节.

28 参见同上，第130-137节.

29 阮美贤、巫家庆、叶丽珊编，《正义道中寻——天主教社会训导简易本》，第29页.

仁爱的根源。[30]在这个基础上，他从物质和精神两方面论述了如何维护人性尊严。其一，他提出要保障与人性尊严相称的个人生活的物质需求和各种权利，针对当时社会上工人阶层和处于贫穷落后的第三世界国家的人们的悲惨状况，若望二十三世号召既要使工人的工资达到合乎人性尊严的标准，而且工人工作的各种条件也要合乎人性尊严[31]，同时，他号召要建立一种标准的农业制度，就像"一个重视人们尊严的、家庭式的制度，在这制度下，人们间的关系及各种经济措施，应完全吻合正义原则和基督精神。"[32]其二，他指出人们已开始承认自身的局限性，并积极地追求精神价值。因而他提出要谨守天主安息日的诫命，摒弃日常杂务，全身心地朝向天主，以维护自身灵魂与天主肖像之间不可破坏的关系，从而在精神层面上维护人性尊严。[33]

尽管到若望二十三世时，教会社会训导对人性尊严已经有了一个清晰的认识和论述，也开始正式关注和维护人性的尊严，然而，这种论述和关注仍然是不成体系的。综观这三部训导文件，我们发现，这些文件中对人的尊严的论述基本都是"事后的思考"，即，先罗列特定的社会和经济规范，然后再说明这些规范是否符合人性尊严，而没有对"人的尊严"及人类社会的发展做出一个预先的设计和考量。梵二会议召开后，上述的情形都发生了明显的变化，梵二会议将人提升至主体的地位，重视人作为道德主体的作用和价值，这种伦理神学重心由人的行为到人的主体性的转向直接影响了梵二会议后教会社会训导对"人的尊严"的论述和关注。

自梵二会议开始，"人的尊严"得到了专门而系统地阐扬。教宗若望二十三世的《和平于世》通谕是梵二会议召开以来的第一部社会训导文件，也是首个系统地对待和论述人权问题的训导文件。若望二十三世受到梵二精神的影响，高抬人的主体性，重视人性的价值和尊严，他在《和平于世》通谕的每一部分基本都要提及并论述人性尊严。若望二十三世继承梵二会议之前的传统，强调至高的天主是人性尊严的源泉，他说"天主既为一切真理的第一真理，一切美善的至高之善，他亦为人类社会所能获得生命的最深泉源，

---

30 参见教宗若望廿三世，《慈母与导师》通谕，1961 年，第 216 节，沈鼎臣译，载于沈鼎臣、同文都编译，《近代教宗文献：论社会问题》，台北：安道社会学社，1958 年.准印者：罗光总主教.

31 同上，第 68-104 节.

32 教宗若望廿三世，《慈母与导师》通谕，第 143 节.

33 同上，第 250 节.

使社会组织完善，效果丰盛而合乎人性的尊严。"[34]同时，他又积极回应梵二会议重视人的主体性的精神，从而给了人一个全新的定位，在他看来，人人都有人格本位，人的本性具有理智和自由意志，而这正是人的价值和尊严所在。在对人性尊严的这种理解上，他系统考量了人的诸多权利和义务，可以说，在所有的社会训导文件中，若望二十三世的《和平于世》通谕对人权的概括最为全面，同时他还阐明了权利与义务之间相辅相成的对应关系。如果说梵二会议之前的社会训导文件在论述人性尊严时将注意力主要集中于人的权利和义务与社会公益的关联上，那么自若望二十三世开始，社会训导文件则更关注人的权利和义务与个体人的关系。若望二十三世坚持一种人格主义的进路，将人的权利和义务都归于人性尊严即人的本性上，将社会公益也都视为是源自个人的，他认为只有个人受到了作为人该有的尊重和维护，社会公益才能得到实现。若望二十三世在《和平于世》通谕中对人性尊严的阐释已经渐成体系，他站在个人的角度上，定义了何为人，何为人的尊严，然后将个人置于与他人的关系、与国家的关系中进行考量，通过论述互相的权利和义务实现对人的尊严的重视和维护。并且，他将个人生活的道德律应用到国家与国家以及社会组织与国家的关系中，来协调双方的权利义务关系。

若望二十三世为教会社会训导对"人的尊严"的理解带来了新气象，他坚持的人格主义进路为社会训导对人性尊严理解的更新做出了重要贡献。然而，真正革新了社会训导精神的是梵二会议颁布的《教会在现代世界牧职宪章》（以下简称《牧职宪章》）。《牧职宪章》可以视作教会社会训导传统中最重要的文件，它对人性尊严的阐述比以前所有的社会训导文件都更加完备和更加深入，甚至以后的社会训导文件也没有能超越它。《牧职宪章》运用了一种与以往的社会训导文件非常不同的人类学进路，这种人类学不是将人视作人类中的一个抽象的存在，而视作根植于圣召使命的个体的人的存在。此外，以前的社会训导文件（包括《和平于世》通谕）在论述人性尊严时都只是附属的提及，而《牧职宪章》对人性尊严则进行了专门的探讨：人性尊严不仅作为《牧职宪章》本身的一个部分而加以详细论述，甚至人性尊严还被作为贯穿整个《牧职宪章》的一个主题。《牧职宪章》对人性尊严的论述是非常完全而系统的：它首先从神学和人类学两个角度分析了人所具有的尊

---

34 教宗若望廿三世，《和平于世》通谕，1963 年，第 38 节，再版，天主教教务协
　进委员会译，台中：光启出版社，1965 年 4 月.

严，即从神学角度指明天主是至高至善的，是万有的创造者，人正是按照天主的肖像被造的，人因为分有了天主的肖像而具有了神圣的尊严。同时，从人类学角度分析了人的本性，指出人获自天主的除了神圣尊严外，还有人的社会性，因为人的被造就不是一个孤立的个体而是在一个团体中，当然最重要的还有人的理智、良知和自由，这些一起构成人的本性，一起支撑起人性的尊严[35]；接下来，《牧职宪章》分别从人的团体生活、人在世间的活动以及教会之于人的任务三个方面论述了人的尊严和使命；最后，《牧职宪章》特别提及了五个需要重点关注的领域，即婚姻与家庭、文化的发展传播、社会与经济生活、政治团体生活、世界和平与国际交流。《牧职宪章》将人性尊严作为一切社会行为适当性的标尺，即凡是符合人性尊严的社会行为就被认为是正确的而应当实行，而凡是否定了人性尊严的社会行为则都被视作错误的而避免实行。

可以看到，《牧职宪章》对人性尊严的重视是空前的，对人性尊严的论述也是最系统最完全的，《牧职宪章》之后，教宗保禄六世的几部社会训导文件以及世界主教会议的成果《世界的公义》都是在其基础上进行扩展和阐扬的。保禄六世 1963 年继教宗若望二十三世就任教宗并领导了梵二会议余下的议程，他因为践行梵二会议的多项决议而为人熟悉。[36]他的三部社会训导文件《民族发展》通谕，《八十周年》公函和《在新世界中传福音》劝谕都是在梵二精神的指引下，践行并强调着《牧职宪章》中对人性尊严的阐述。例如，《民族发展》通谕和《八十周年》公函都是面对现代社会的新形势以及产生的新问题而强调要关注弱势群体，如穷人、妇女、儿童、青年人等的尊严和生活，主张全人类的全面发展，并呼吁人们践行团结、平等、博爱等美德。《在新世界中传福音》则是对教会在传播福音并维护社会正义上的重要角色的强调，在传播福音的过程中，活动的主体和对象都是人，因而人性的尊严应当得到首要的重视。《世界的公义》是世界主教会议的成果文件，这份文件亦受到梵二精神的指引，肯定所有人均有注重个人和文化发展的权利，强调教会要通过生活方式、教育活动和国际行动来为公义做见证。

35　参见《教会在现代社会牧职宪章》，第 12-17 节，见《天主教梵蒂冈第二届大公会议文献》，天主教上海教区光启社，2001 年 12 月.

36　参见阮美贤、巫家庆、叶丽珊编，《正义道中寻——天主教社会训导简易本》，第48 页.

综上所述，人性尊严是教会社会训导传统的核心宗旨和关注，是贯穿所有的社会训导文件的一个主题，颁布社会训导的教宗们也都同意人性尊严是社会道德的基本法则。对人的尊严的关注和阐述在社会训导传统中逐步发展和完善，从最开始在《新事》通谕中的崭露头角，到梵二会议之前的逐渐重视，再到梵二会议以来专门而系统的阐扬。对人性尊严在教会社会训导传统中的发展脉络的回顾使我们认识到，教宗若望保禄二世也身处教会社会训导的传统中，社会训导中对"人的尊严"的关注和维护是他的人性尊严理论的思想源泉，教宗若望保禄二世的人性尊严理论对教会社会训导传统有着很多的继承与发展。

4.2.3 若望保禄二世人性尊严理论对社会训导传统的继承与发展

经过上面的讨论可知，若望保禄二世之前，教会的社会训导传统已经对人性尊严有了一个清楚明白的定位和系统完整的论述，若望保禄二世就任教宗后，他对人性尊严的关注和阐述必然根植于教会的社会训导传统，并在其基础上有所继承和发展。在第三章中，我们已经系统地分析了教宗若望保禄二世的人性尊严理论，他对人性尊严的关注和维护主要体现在理论层面的阐扬和实践层面的活动，即，他主要从理论层面上论述了何为人性尊严以及该如何维护人性尊严，并且还表达了对特殊群体尊严的关注，同时，他还从实践层面上践行了自己的人性尊严理论，通过周游世界的牧灵活动以及发起并参与宗教对话。接下来，我们将比照教会社会训导传统中对人性尊严的阐释来具体分析教宗若望保禄二世的人性尊严理论和实践，以期能理清他对社会训导传统的继承和发展。

首先，我们来看若望保禄二世对社会训导传统的继承。纵观教宗的人性尊严理论，我们发现他对社会训导传统的继承最集中地体现在他对人性尊严的阐释上。如前所述，教会的社会训导文件，即梵二会议颁布的《教会在现代世界牧职宪章》已经对人性尊严有了一个非常专门而系统地阐释。因为天主教是极其重视传统的宗教，再加上梵二会议在天主教会内产生了巨大影响，《牧职宪章》对人性尊严的阐释已成为教会的正统思想。故而若望保禄二世在阐述人性尊严时必须继承《牧职宪章》中的观点，从神人两个角度分析人性尊严：既从至高的创造者天主角度阐明天主是人所以具有尊严的根基，因为人是按照天主的肖像被造的，人通过分有天主的肖像而具有了神圣不可侵犯的尊严，又从被造者人的角度阐明人因为从天主获赐了理性和自由意志，从而能通过自由选择和行动实现自身的尊严。

除此之外，若望保禄二世对社会训导传统的继承还主要体现在他对人权的重视上。社会训导传统从一开始就将人权与人性尊严紧密地联系在一起，甚至可以说，社会训导传统是在对人权的敏感和维护上才发展出了对人性尊严的关注。我们在考察"人的尊严"在社会训导传统中的发展时就发现，对人权的重视和维护几乎在所有的社会训导文件中都是主要探讨的内容。因而若望保禄二世继承社会训导传统的这一特点，也非常重视人权的维护，他称人权是人性尊严的基石，将维护人权视作实现人性尊严的根本保障。他将人权分为两大类，即从人自身的角度而言的基本的生存权，包括人肉体上享有的生命权以及人精神上享有的宗教自由的权利；还有从人的社会化角度而言的人实现自我的权利，包括拥有家庭的权利、工作的权利以及参与社会公务生活的权利等。

当然，若望保禄二世对社会训导传统的继承还表现在他对特殊群体尊严的关注上。天主教会常称自己是"人性的专家"[37]，并积极宣扬爱德，因而教会一直以来都致力于关心和帮助弱势群体。教会的社会训导传统面对社会的发展为特殊群体带来冲击和伤害的状况，在不遗余力地给予关爱的同时，还特别关注和维护特殊群体的尊严。若望保禄二世也继承了教会的这一传统，他特别关爱特殊群体的生活和尊严，例如，他曾专门发表重视妇女尊严的《妇女的尊严与圣召》牧函，他还为青年人而特别创立了普世青年节，他对残疾和患病人乃至移民和难民等弱势人群也是关爱有加。

其次，我们来看若望保禄二世的人性尊严理论对社会训导传统的发展。若望保禄二世的人性尊严理论对社会训导传统的发展关键在其对人的本体性的重视上，即，他强调人是自身行为的本体，而行为也能揭示人。若望保禄二世对人作为本体的重视源自他早年的哲学积淀，在第二章中，我们已经系统地分析过他任教宗前最著名的哲学人类学著作《行动的人》，他在该书中阐明，人之所以为人既要依靠其做自己行为的主体，借着意愿的自由抉择并通过自我决定从而在自身行为的超越与整合中成就自己，又要参与到群体中去，借着与他人一起存在和行动以促进自身的发展。若望保禄二世早年对人

---

37 参见卡里耶，《重读天主教社会训导》，第 192 页.

的这种认识为他担任教宗后发展出的对人的所有观点奠定了一个坚实的哲学基础。他的人性尊严理论中到处体现着他对人的本体性和行为的重视，以及对参与的强调：他在阐述何为人性尊严时强调人自身在实现人性尊严上的关键作用；他在论述该如何维护人性尊严时重视人的自由和参与；他在实践人性尊严理论时更是身体力行地表现出个人行为的重要性。

若望保禄二世在阐释人性尊严时强调人的主体性的作用。若望保禄二世继承梵二会议以来教会社会训导传统中对人性尊严的观点，从神人两个角度阐释人性尊严。在从人的角度阐释人如何在自身的行为中体现人性的尊严时，若望保禄二世特别强调人的主体性。在他看来，人因为从天主那里获赐了理性和自由意志，因而能通过自由的行动而实现自身的尊严。人类的始祖虽然因为错误地运用自由意志而犯罪堕落，使自身的理性和意志受到破坏，乃至不能实现自身的尊严，但是耶稣基督在十字架上已经为人赎了罪，使人又重新获得了实现自身尊严的能力。人要运用自由的选择而全身心地皈依基督，在基督的爱中培育道德良心，并在认识并分享基督的痛苦中实现人性尊严。

若望保禄二世在论述维护人性尊严时重视人的自由和参与的价值。他坚持自由是维护人性尊严的基础和条件，在他看来，人之为人的根本就在于人能自由地实施行为，能通过自己的意志做出自由的选择和决定，这是人的本性。如果没有自由，人就不成其为人，更无法拥有尊严，因而自由是实现和维护人性尊严的基础和条件。若望保禄二世还把自由与真理联系起来，强调自由必须以真理作为标准，这样的自由才是真正的自由，运用这种自由做出的行为才能真正地达到人性的尊严。同时，若望保禄二世在论述维护人性尊严时还强调参与的重要性，他将参与视作实现人性尊严的根本方式之一。按照若望保禄二世的观点，人是自身行为的主体，而人的行为也能揭示人，参与作为人的行为是人类的显著特征之一，对人性的成长至关重要。若望保禄二世极其重视个人对社会公务生活的参与，包括对工作和经济活动的参与，对文化和资讯领域的参与以及对社会政治生活的参与等。总之，若望保禄二世坚持个人对社会生活的参与体现和实践着人对自身尊严的维护。

若望保禄二世在实践他的人性尊严理论时更以自身的行为表达对人的行为和主体性的重视。若望保禄二世不仅通过不断发表各类文件来宣扬自己的人性尊严理论，他还身体力行地践行自己的理论，并通过自身的实践彰显他对个人行为和主体性的重视和强调。他开创了一种独特的牧灵访问的方式，周游世界各地倡导他的人性尊严理论。他在任期内共探访了全球 100 多个国家，足迹几乎遍布了地球的每一个角落，他与多国领导人会晤，共同商讨建立一个尊重人性尊严的世界，他亲赴战乱不断的地区并探访贫穷落后的第三世界国家，旨在促进地区的和平与发展。除此之外，他还积极发起并参与宗教对话以联合世界上各主要宗教共同缔造世界和平，他特别组织了两届阿西尼会议的召开，从而为世界的和平发展与宗教间的交流对话做出了独特的贡献。教宗若望保禄二世的所有的努力和实践既彰显了他对人性尊严的重视，也表明了他对个人的行为和主体性在实践和维护人性尊严上的重要价值的肯定。

综上所述，我们已经从天主教神学传统和天主教的社会训导传统中对若望保禄二世的人性尊严理论进行了细致的分析和讨论，指出他的人性尊严理论首先是以圣经对人性尊严的启示作为神学基础的，其次，他的人性尊严理论又是以教会的社会训导传统为思想源泉的，并探讨了他的人性尊严理论对教会的社会训导传统的继承和发展。通过这些分析和讨论，我们对教宗若望保禄二世的人性尊严理论有了一个系统和全面的认识，它是教宗站在天主教神学传统的立场上，结合自己本身的哲学关注，并汲取社会训导的传统而形成的一套推崇人的价值和尊严的神学理论。这套理论既是教宗若望保禄二世本人思想的精华，又体现着天主教会官方的立场和观点，因而必然在天主教内乃至整个世界范围内产生重大的影响，并为人类的全面发展提供重要的思想借鉴。

结语　若望保禄二世人性尊严理论的影响

　　教宗若望保禄二世的人性尊严理论带来的影响是广泛而深远的，它既代表了天主教官方神学的发展动向，尤其带动了天主教伦理神学对于人的重视和维护，又为其他宗教在对待人及其价值的问题上提供了颇有助益的借鉴，同时，教宗的人性尊严理论还对全人类的发展做出了一些有意义的探索。

　　首先，教宗的人性尊严理论促进了天主教会对人及其价值与尊严的维护。教宗作为天主教官方权威的代表，他的一言一行以及所有举措都既是以他自己的核心思想为依据的，同时又引领着整个天主教会的发展。教宗的人性尊严理论对整个天主教会关于人及人权的观点都起到了很大的推动和促进作用，他秉承梵二会议的精神，将人的价值和尊严作为核心关注，提倡要尊重和维护人之为人最基本的尊严。他发展教会社会训导的传统，将对于人性尊严的重视和维护视作最基本的原则和宗旨。在教宗看来，人的尊严既根源自至高的天主，同时又因为人自身的理性能力和主体性而成为人的根本，因而他毕生都致力于保障和维护人性的尊严，并带来了整个天主教会对于人及其价值与尊严的高度重视和维护。哈佛大学的历史学教授迈克尔·霍华德·勒吉斯（Michael Howard Regius）对于教宗在维护人性尊严和人权方面之于天主教的作用给予了很高的评价，他指出，二十世纪发生的两个最伟大的革命一个是马克思主义，另一个就是罗马天主教。罗马天主教在教宗格列高里十六世（Gregory XⅥ，1831-1846）和庇护九世（Pius Ⅸ，1846-1878）时曾经激烈地反对民主制度，而在教宗若望保禄二世领导下的罗马天主教则成为了世界上维护民主制度和人权的最主要的声音。[1]

其次，教宗的人性尊严理论及其实践为其他宗教在对待人的问题上提供了颇多借鉴。教宗尊重人的价值与尊严，维护人的自由与权力，并特别关注特殊群体的尊严，他周游世界以宣扬和实践对人权的维护，他致力于宗教的交流与对话，发动各大宗教团结协作，召开两届阿西尼会议，试图依靠宗教的力量来实现世界的和平与发展。教宗维护人性尊严的思想和各种实践对各大宗教都产生了深刻的影响，特别对除基督宗教之外的两大世界宗教——伊斯兰教和佛教有许多有价值的借鉴。他的人性尊严理论将人视作至高天主的创造物，因为分享了天主的肖像和爱而具有不容侵犯的尊严，人的一切都源自天主，人只有不断地朝向天主并与天主保有一种和谐美好的关系才能真正地拥有尊严。同时，人也因为自己本身的原因而得到天主特别的眷顾，人被置于被造世界的中心，被天主赋予理性和自由意志，帮助天主治理大地、管理万物。在教宗那里，人与天主之间有一种紧密而又美好和谐的关系，并因着天主赐下的不止息的爱，人成为满有尊严、充满喜乐与盼望的人。教宗的这一理论通过把人置于神圣的范畴之内，并附属于至高的天主而实现了对人的抬高和推崇。伊斯兰教是与基督宗教同源的世界宗教，在对待人的问题上，它认为人是唯一神真主创造的，重视人的价值和尊严，如《古兰经》指出："天地间的一切都是他（安拉）的，一切都服从他。是他创造万物……"（30：26-27）[2]《古兰经》也强调人的形象是真主安拉赋予的，并且人被视作真主在大地上的代表。[3]伊斯兰教有着浓厚的重视人的观念，其"赋予人以超越天地万物的至尊地位，这是对人的礼赞，是对人生价值的肯定，宣扬了人作为现实存在的意义和价值。"[4]然而，伊斯兰教却不若天主教一样强调至高的上主对人的爱和眷顾，诚如教宗所指出的，伊斯兰教的真主是一个具有绝对威严却并不与人同在而充满爱的主，人与真主之间缺少了一个爱的纽带的连接。

1　See, Rocco Buttiglione, *Karol Wojtyla—The Thought of the Man Who Became Pope John Paul II*, William B. Eerdmans Publishing Company, Grand Raplds, Michigan/Cambridge, U.K., 1997, Foreword Ⅻ.

2　《古兰经简注》，马仲刚译注，宗教文化出版社，2005 年 11 月，第 407 页.

3　参见《古兰经简注》，马仲刚译注，第 40 章 61-80 节，见第 474-476 页.

4　冯怀信，《〈古兰经〉人学思想探析》，见《郑州大学学报》（哲学社会科学版），第 32 卷第 6 期，1999 年 11 月，第 72 页.

因而教宗的人性尊严理论可以为伊斯兰教关于人与真主的关系提供一定的借鉴，进而促使其发展出一种更为完善的人类学思想。此外，教宗的人性尊严理论还可以为佛教关于人的思想提供某些借鉴，佛教关于人的最核心的问题就是人的解脱的问题，在佛教教义中，"四谛"所揭示的正是关于人解脱的基本真理。所谓的"四谛"即是"苦集灭道"。"苦"指人生的各种痛苦，佛教认为，"在世俗社会中，人生的一切，就其本质而言，都是痛苦的。"[5]人从出生到死亡，所经历的一切都充满着各种痛苦。这是佛教对于人生和人所生活的社会的基本定位。在佛教看来，产生苦的根本原因在于人的语言、行为和意识思维活动使人产生欲望和烦恼，从而引起人生的痛苦。[6]消灭这些痛苦是佛教修行的最终目标，也是人实现解脱的最终目的，而要消灭痛苦必须按照特定的方法修行和实践。然而，"佛教追求人生解脱，最终归结为心的转化和超越"[7]，从而与外在社会隔绝和对立起来。佛教将人的解脱与拯救定位为出离世间一切的痛苦和烦恼达到涅槃寂静的状态，从而使人形成一种遁世的人生观。教宗的人性尊严理论则强调天主与人之间的爱，从而使人自内心生发出了一种积极的人生态度，使人力争不断地完善自己并与万物和谐共处，从而实现人自身的完满和世界的发展完善。因而，教宗的人性尊严理论和实践对于佛教的人生观也有着积极的借鉴意义。

最后，教宗的人性尊严理论对于人类的发展做出了一些有意义的探索。教宗若望保禄二世的人性尊严理论深深地根植于天主教的社会神学传统中，秉承着其重视人的价值和尊严的思想，并继续坚持一种人类中心主义的神学进路，将人视作至高的创造者天主的肖像，并高举人的理性和自由意志，强调人由天主而获赐了管理大地、治理万物的能力，因而人具有神圣的尊严和价值。在此基础上，若望保禄二世更遵循梵二大公会议的教导，尤为重视人的主体性和行为，强调人是自身行为的主体，而行为也能揭示人，他甚至将人置于被造世界的极峰和中心。教宗的一生都致力于尊重并维护人性的尊严，他提倡自由对于维护人性尊严的基础作用，将重视和维护人权视作实现

5　赖永海主编，《中国佛教百科全书》，教义卷人物卷，上海古籍出版社，2000 年 12 月，第 4 页.

6　参见赖永海主编，《中国佛教百科全书》，第 11 页.

7　方立天著，《中国佛教哲学要义》，上卷，中国人民大学出版社，2002 年 12 月，第 57 页.

人性尊严的根本保障，并提出参与和爱是维护人性尊严的基本方式。从某种意义而言，若望保禄二世乃至整个天主教社会神学重视人性尊严的观点和传统代表了人类社会发展的最终趋势，整个人类社会发展的目的无非就是为了促进和达至个人的完满发展。因而，教宗维护人性尊严的种种努力和实践不仅影响了天主教徒们，甚至对于全人类的发展都是一种有意义的探索。

总之，以教宗为首的天主教会抬高并重视人的价值和尊严、倡导并维护人之为人最为基本和宝贵的权利的所有努力和举措都为世俗社会关于人的观点、其他宗教传统对于人的看法乃至整个人类的发展提供了一些可资借鉴的宝贵经验。

附录 1 若望保禄二世
生平大事录[1]

1920 年 5 月 18 日	生于波兰的华杜维斯
1929 年 4 月 13 日	母亲爱美莉·卡高罗卡过世
1932 年 12 月 5 日	哥哥埃德蒙病逝
1938 年 6 月 22 日	进入亚格罗尼卡大学
1940 年 11 月 1 日	索韦尔化工厂做采石工
1941 年 2 月 18 日	父亲老华迪卡过世
1942 年-1946 年	在克拉科夫的地下神学院学习
1946 年 11 月 1 日	祝圣为神父
1946 年 11 月 15 日	离开波兰赴罗马学习
1948 年 6 月 19 日	通过博士论文答辩获得哲学博士学位
1948 年 7 月	由罗马返回波兰
1956 年 12 月 1 日	获准进入卢布林天主教大学任伦理学教职
1958 年 9 月 28 日	祝圣为主教
1960 年间	《爱与责任》第一版问世
1962-1965 年	参加梵二会议的前三期会议并参与《喜乐与希望》宪章的拟定

---

1 参见 http://www.vatican.va/holy_father/john_paul_ii/biography/index.htm

1967 年 6 月 28 日	由教宗保禄六世亲自祝圣为枢机主教
1969 年 12 月	波兰文版的《行动的人》问世
1978 年 10 月 16 日	当选罗马天主教第 264 任教宗
1981 年 5 月 13 日	在圣伯多禄广场遇刺受伤
1982 年 5 月 28 日	访问英国
1986 年 4 月 13 日	访问罗马的犹太会堂
1986 年 10 月 27 日	召集第一届阿西尼会议
1989 年 12 月 1 日	会见苏联总统戈尔巴乔夫
1999 年 5 月 7 日	访问罗马尼亚
2000 年 3 月 12 日	代表天主教会发布道歉声明
2001 年 5 月 4 日	重走朝圣之旅，探访希腊、叙利亚和马耳他
2002 年 1 月 24 日	召集第二届阿西尼会议
2005 年 4 月 2 日	逝世于梵蒂冈

附录2 若望保禄二世颁布的主要训导文件[1]

教宗通谕：

1、人类救主通谕	Redemptor Hominis	1979 年 3 月 4 日
2、富于仁慈的天主通谕	Dives in Misericordia	1980 年 11 月 30 日
3、论人的工作通谕	Laborem Exercens	1981 年 9 月 14 日
4、斯拉夫人的使徒通谕	Slavorum Apostoli	1985 年 6 月 2 日
5、主及赋予生命者通谕	Dominum et Vivificantem	1986 年 5 月 18 日
6、救主之母通谕	Redemptoris Mater	1987 年 3 月 25 日
7、论社会事务关怀通谕	Sollicitudo Rei Scocialis	1987 年 12 月 30 日
8、论救主的使命通谕	Redemptoris Missio	1990 年 12 月 7 日
9、第一百周年通谕	Centesimus Annus	1991 年 5 月 1 日
10、真理的光辉通谕	Veritatis Splendor	1993 年 8 月 6 日
11、生命的福音通谕	Evangelium Vitae	1995 年 3 月 25 日
12、愿他们合而为一通谕	Ut Unum Sint	1995 年 5 月 25 日
13、信仰与理性通谕	Fides et Ratio	1998 年 9 月 14 日
14、活于感恩的教会通谕	Ecclesia de Eucharistia	2003 年 4 月 17 日

---

1 文件的拉丁文名称和发布时间见 http://www.vatican.va/holy_father/john_paul_ii/index.htm

宗座劝谕：

1、要理传授劝谕	Catechesi Tradendae	1979 年 10 月 16 日
2、家庭团体劝谕	Familiaris Consortio	1981 年 11 月 22 日
3、论救赎恩惠劝谕	Redemptionis Donum	1984 年 3 月 25 日
4、论和好与忏悔劝谕	Reconciliatio et Paenitentia	1984 年 12 月 2 日
5、基督信友平信徒劝谕	Christifideles Laici	1988 年 12 月 30 日
6、救主的监护人劝谕	Redemptoris Custos	1989 年 8 月 15 日
7、我要给你们牧者劝谕	Pastores Dabo Vobis	1992 年 3 月 25 日
8、教会在非洲劝谕	Ecclesia in Africa	1995 年 9 月 14 日
9、奉献生活劝谕	Vita Consecrata	1996 年 3 月 25 日
10、黎巴嫩的新希望劝谕	A New Hope for Lebanon	1997 年 5 月 10 日
11、教会在美洲劝谕	Ecclesia in America	1999 年 1 月 22 日
12、教会在亚洲劝谕	Ecclesia in Asia	1999 年 11 月 6 日
13、教会在大洋洲劝谕	Ecclesia in Oceania	2001 年 11 月 22 日
14、教会在欧洲	Ecclesia in Europa	2003 年 6 月 28 日
15、羊群的牧者劝谕	Pastores Gregis	2003 年 10 月 16 日

参考文献

教宗著作：

1. Wojtyla, *Faith According to St. John of the Cross*, trans, Jordan Aumann, Ignatius Press, 1981.

2. Karol, Wojtyla, *Love and Responsibility*, trans by H.T.Willetts, Ignatius Press, San Francisco, 1981.

3. Karol, Wojtyla, *The Acting Person*, translated from the Polish by Andrzej Potocki, D. Reidel Publishing Company, 1979.

4. Karol, Wojtyla, *Sign of Contradiction,* A Crossroad Book, The Seabury Press·New York, 1979. .

5. Karol, Wojtyla, *Sources of Renewal—The Implementation of the Second Vatian Council,* Translated by P. S. Falla, Collins, St. James's Place, London, 1980.

6. Andrew N. Woznicki edited, *Person and Community—Selected Essays/Karol Wojtyla*, translated by Theresa Sandok, OSM, Peter Lang, 1993.

7. Pope John Paul II, *Spiritual Pilgrimage—Texts on Jews and Judaism, 1979-1995*, A Crossroad Herder Book, Crossroad, New York, 1995.

8. Pope John Paul II, *Gift and Mystery—on the Fiftieth Anniversary of My Priestly Ordination*, Doubleday, 1996.

9. Pope John Paul II, *The Theology of the Body—Human Love in the Divine Plan*, Books & Media, Boston, 1997.

10. Pope John Paul II, *The Spirit, Giver of Life and Love—A Catechesis on the Creed*, Pauline Books & Media, Boston, 1996.

11. Pope John Paul II, *Celebrate the Third Millennium —Facing the future with Hope*, Servant Publications, Ann Arbor, Michigan, 1999.

12. Pope John Paul II, *Memory and Identity — Conversations at the Dawn of a Millennium*, Rizzoli, New York, 2005.

13. 若望保禄二世，《跨越希望的门槛》，新世纪丛书，1995 年.

14. 若望保禄二世，《教宗回忆录》，吴龙麟译，台北市：启示出版，2008.

外文著作：

1. Anthony, Kenny, *Essays on the Aristotelian Tradition*, Clarendon Press, Oxford, 2001.

2. Beabout et al. *Beyond Self-Interest—A Personalist Approach to Human Action*, Lexington Books, Lanham. Boulder. New York. Oxford.

3. Byron L. Sherwin and Harold Kasimow edited, *John Paul II and Interreligious Dialogue*，Orbis Books, Maryknoll, New York, 1999.

4. Charles E. Curran, *The Moral Theology of Pope John Paul II*, Georgetown University Press, Washington, D. C, 2005.

5. David, Aikman, *Great Souls: Six Who Changed the Century*, World Publishing, Nashville, London, Vancouver, Melbourne, 1998.

6. Deborah, Halter, *The Papal "No"—A Comprehensive Guide to the Vatican's Rejection of Women's Ordination*, A Crossroad Book, The Crossroad Publishing Company, New York, 2004.

7. Deborah, Savage, *The Subjective Dimension of Human Work—The Conversion of the Acting Person According to Karol Wojtyla/John Paul II and Bernard Lonergan*, New York:Peter Lang, 2008.

8. Derek S. Jeffreys, *Defending Human Dignity—Pope John Paul II and Political Realism*, Brazos Press, Grand Rapids, Michigan, 2004.

9. *Developed Young People, Pope John Paul II Speaks to the World's Youth*, Designed by Vanna, Bristot, Photographs by Vittoriano Bastelli, Hodder and Stoughton London Sydney Auckland Toronto, 1982.

10. Edited and with an Introduction by Bishop Peter Canisius Johannes Van Lierde, O.S.A, Translated by Firman O' Sullivan, *Prayers and Devotions from Pope John Paul II*, Viking, A Giniger Book, 1984.

11. Edited by Chester, Gillis, *The Political Papacy John Paul II, Benedict X VI, and Their Influence,* Paradigm Publishers, Boulder· London.

12. Edited by Christopher, Tollefsen, *John Paul II's Contribution to the Catholic Bioethics*, Springer, 2005.

13. Edited by Eugene F. Rogers, Jr, *Theology and Sexuality---Classic and Contemporary Readings*, Blackwell Publishers, 2002.

14. Edited by Gilbert Meilaender and William Werpehowski, *The Oxford Handbook of Theological Ethics*, Oxford University Press, 2005.

15. Edited by Nancy Mardas Billias, Agnes B. Curry, George F. Mclean, *Karol Wojtyla's Philosophical Legacy*, Printed in the United States of America, 2008.

16. Edited by Robert P. Kraynak, Glenn Tinder, *In Defense of Human Dignity—Essays for Our Times,* University of Notre Dame Press, Notre Dame, Indiana, 2003.

17. Edited by Sister Mary Ann Walsh, Rsm with Reporting by Catholic News Service, *From John Paul II to Benedict XVI,* A Sheed & Ward Book, Roman & Littlefield Publishers, Inc, 2005.

18. Edward, Craig edited, *The Shorter Routledge Encyclopedia of Philosophy*, Routledge Taylor & Francis Group, 2005.

19. Edward J. Renehan, Jr. *Pope John Paul II,* Chelser House Publishers, 2007

20. George, Huntston Williams, *The Mind of John Paul II—Origins of His Thought and Action*, The Seabury Press·New York, 1981.

21. George, Weigel, *Soul of the World: Notes on the Future of Public Catholicism*, Grand Rapids, Mich.:Eerdmans,1996.

22. George, Weigel, *Witness to Hope: The Biography of Pope John Paul II,* London: HarperCollins, 2001.

23. Gian, Franco Svidercoschi, *Stories of Karol—The Unknown Life of John Paul II*, Liguori/ Triumph, 2001.

24. Jan, Olof Bengtsson, *The Worldview of Personalism—Origins and Early Development*, Oxford Theological Monographs, 2006.

25. Jaroslaw, Kupczak, O.P., *Destined for Liberty—The Human Person in the Philosophy of Karol Wojtyla/ John Paul II*, The Catholic University of American Press Washington, D.C., 2000.

26. Jason, Berry and Gerald Renner, *Vows of Silence—The Abuse of Power in the Papacy of John Paul II*, Free Press, 2004.

27. John, Cornwell, *The Pontiff in Winter—Triumph and Conflict in the Reign of John Paul II,* Doubleday,2004.

28. John F. Crosby, *Personalist Papers*, The Catholic University of America Press, 2004.

29. Kenneth L. Schmitz, *At the Center of the Human Drama—The Philosophical Anthropology of Karol Wojtyla/ John Paul II*, The Catholic University of America Press, Washington, D.C., 1993.

30. Kenneth R. Himes, O.F.M, *Responses to 101questions on Catholic Social Teaching,* Paulist Press, New York/ Mahwah.

31. Lord, Longford, *Pope John Paul II—An Authorized Biography,* Michael Joseph/ Rainbird, 1982.

32. Maciej, Zieba, O.P., *The Surprising Pope—Understanding the Thought of John Paul II,* Lexington Books, 2000.

33. Margaret B. Melady, *The Rhetoric of Pope John Paul II—The Pastoral Visit As a New Vocabulary of the Sacred*, Praeger, Westport, Connecticut, London, 1999.

34. Michael J. Schuck, *That They Be One: The Social Teaching of the Papal Encyclicals 1740-1989*, Georgetown University Press, Washington, D.C., 1991.

35. Mieczyslaw, Malinski, *Pope John Paul II—The Life of Karol Wojtyla,* Image Books, A Division of Doubleday & Company, Inc, Garden City, New York, 1982.

36. *Oxford Latin Dictionary,* Oxford University Press, Ely House, London,W.I, 1968.

37. Paul, Johnson, *Pope John Paul II and the Catholic Restoration*, Weidenfeld and Nigolson London, 1982.

38. Paulinus, Ikechukwu Odozor, C. S. Sp, *Moral Theology in an Age of Renewal—A Study of the Catholic Tradition since Vatican II,* University of Notre Dame Press, Notre Dame, Indiana, 2003.

39. R.C. Sproul, *In Search of Dignity*, Regal Books, A Division of GL Publications Ventura, CA U.S.A, 1983.

40. Richard L. Pratt, JR, *Designed for Dignity—What God Has Made It Possible For You to Be,* PR Publishing, 1993.

41. Richard W. Rousseau, S. J, *Human Dignity and the Common Good—The Great Papal Social Encyclicals from Leo XIII to John Paul II,* Greenwood Press, Westport, Connecticut·London, 2002.

42. Robert A. Pyne, *Humanity and Sin—The Creation, Fall, and Redemption of Humanity,* Word Publishing, 1999.

43. Rocco, Buttiglione, *Karol Wojtyla—The Thought of the Man Who Became Pope John Paul II*, William B. Eerdmans Publishing Company, Grand Raplds, Michigan/Cambridge, U.K., 1997.

44. Samuel, Gregg, *Challenging the Modern World—Karol Wojtyla/ John Paul II and the Development of Catholic Social Teaching*, Lexington Books, 1999.

45. Tim, Perry, *The legacy of John Paul II-An Evangelical Assessment,* An imprint of Inter Varsity Press, 2007.

46. Timothy G. McCarthy, *Christianity and Humanism—From Their Biblical Foundations into the Third Millennium*, Loyola Press, Chicago, 1996.

47. Timothy G. McCarthy, *The Catholic Tradition—Before and After Vatican II 1878-1993*, Loyola University Press, Chicago, 1994.

48. Translated by Jordan Aumann, OP, *When A Pope Asks Forgiveness*, Books & Media, Boston, 1998.

49. William E. May, *An Introduction to Moral Theology*, Forword by Cardinal James A. Hichey, Our Sunday Visitor Publishing Division, Our Sunday Visitor, Inc., Huntington, Indiana 46750, 1994.

50. William J. La Uue, J.C.D., *The Chair of Saint Peter—A history of the Papacy*, Orbis Books, 1999.

51. Wilton, Wynn, *Keepers of the Keys*, New York, Random House, 1988.

外文论文：

1. Adrina Michelle, Garbooshian, *The Concept of Human Dignity in the French and American Enlightenments: Religion, Virtue, Liberty,* UMI,2006.

2. Andre, Ong, *The Ethics and Philosophical Anthropology of Karal Wojtyla,* UMI, 2007.

3. David H. Delaney, *A Theology of Fatherhood in the Thought of Karal Wojtyla/ John Paul II,* UMI, 2005.

4. Dominic, Cerrato, *Human Dignity: Its Emergence and Development in the Roman Catholic Social Tradition（1891-1965）. UMI,* 1991.

5. Dr. Stephen Pope, *The Legacy of John Paul II on Science and Theology,* Editorial/European Journal of Science and Theology 1（2005）,2,1-5.

6. Edward T. Barrett, *The Ethical and Political Thought of Karal Wojtyla/ John Paul II,* UMI, 2004.

7. Gaymon, Bennett, *On the Care of Human Dignity—From Archon to Anthropos,* UMI, 2008.

8. Joseph P. Rice, Ph.D., *Karal Wojtyla on Acting 'Together with Others',* UMI, 2007.

9. Jove Jim S. Aguas, *The Notions of the Human Person and Human Dignity in Aquinas and Wojtyla,* Kritike, Volume 3, No.1, June 2009.

10. Marjorie Sharon, Anderson, *Educating for Human Dignity and Love: The Politics of Possibility,* UMI Company, 1999.

11. Mwangi, Theuri Matthew, Ph.D., *The Meaning, Causes and Solutions of Poverty in the Papal Encyclicals （1878-1990） and in the Documents of Vatican II: An African Theological Critique,* UMI, 1992.

12. Sheedy, Patrick D., Ph.D, *Justice and human need: An investigation of scriptural and Roman Catholic sources. UMI,* 1989.

13. Thomas A. Curran, *The Trinitarian Foundation of Interreligious Dialogue in Selected Writings of Pope John Paul II,* UMI, 2003.

14. Tracey, Rowland, *John Paul II and Human Dignity,* Public Lecture for Feast of Sts Peter& Paul, June 2005.

15. William F. Murphy, *The Value of Work; The Dignity of the Human Person,* Labor Day Statement, September 7, 2009.

中文著作：

1. （美）查尔斯·L·坎默，《基督教伦理学》，中国社会科学出版社，1994年.

2. 《天主教法典》（中文版），1983年.

3. 《天主教教理》，天主教河北信德编辑室出版，1992年.

4. 《天主教梵蒂冈第二届大公会议文献》，天主教上海教区光启社，2001年.

5. 〈美〉威利斯顿·沃尔克，《基督教会史》，中国社会科学出版社，1991年.

6. D.J.奥康诺主编，洪汉鼎等译，《批评的西方哲学史》，东方出版社，2005年.

7. 马仲刚译注，《古兰经简注》，宗教文化出版社，2005年11月.

8. 王美秀，《当代基督宗教社会关怀——理论与实践》，上海三联书店，2006年.

9. 方立天著，《中国佛教哲学要义》，上卷，中国人民大学出版社，2002年12月.

10. 邓辛疾、兰默治，《天主教会训导文献选集》(第二版)，1975年.

11. 艾力勤，《维护人性尊严——天主教生命伦理观》，光启文化事业，2001年.

12. 卡尔·白舍克，《基督宗教伦理学》，上海三联书店，2002年.

13. 卡里耶，《重读天主教社会训导》，光启出版社，1992年.

14. 冯怀信，《〈古兰经〉人学思想探析》，见《郑州大学学报》(哲学社会科学版)，第32卷第6期，1999年11月.

15. 亚里士多德，《尼各马科伦理学》，苗力田译，中国人民大学出版社，2003年.

16. 刘小枫选编，《舍勒选集》，上海三联书店，1999年.

17. 阮美贤、巫家庆、叶丽珊编，《正义道中寻——天主教社会训导简易本》，香港天主教正义和平委员会出版，2001年.

18. 吴智勋，《基本伦理神学》，香港：思维出版社，2000年.

19. 卓新平，《当代西方天主教神学》，上海三联书店，1998年.

20. 卓新平，《基督宗教社会学说及社会责任》，北京：宗教文化出版社，2009.

21. 宗座正义和平委员会，《教会社会训导汇编》，Liberia Editrice Vaticana，2004年.

22. 黄俊杰，《天主教的社会思想》，台北：辅仁大学出版社，1989年.

23. 傅乐安，《当代天主教》，东方出版社，1996年.

24. 傅乐安，《当代天主教》，东方出版社，1996年6月.

25. 赖永海主编，《中国佛教百科全书》，教义卷人物卷，上海古籍出版社，2000年12月.

致　谢

　　人大五载求学生涯中，最要感谢的就是我的恩师李秋零先生！我从硕士开始有幸跟随先生学习，先生为人豪爽睿智，学养深渊，学风严谨，既是我们尊崇敬重的严师，又如我们景仰效行的慈父！感谢先生五年来对我学业上的点拨和督促，没有先生的教导就不会有我的进步，点滴成就献予恩师，学生会再接再厉！还要感谢先生五年来对我生活上的照顾和帮助，先生以身作则教会我为人处世的道理和原则，让我矢志要做一个志行高尚的人！师恩永远铭记！

　　非常感谢何光沪老师、孙毅老师、何建明老师！几位老师渊博精湛的学识、宽厚温文的情怀、仁慈善良的品质，令我受教良多，也令我深深地折服和敬慕。

　　特别感谢许志伟老师和加拿大维真学院中研部！感谢许老师提供给我一次去维真学院学习的机会，正是这次机会让我得以收集了本篇博士论文的所需资料。尤其感谢许老师对我论文选题的点拨，让我能确定选题的大方向。可以说，没有许老师的帮助就不会有我这篇博士论文的完成，谢谢您许老师！

　　同时要感谢陪伴我度过无数快乐时光的可亲可爱的朋友们，是他们的关爱与陪伴让我的学生生活如此丰富与快乐。特别感谢我的同门师姐于竞游，她既是我学业上的好榜样，又是我生活中的好朋友，还是我的同乡"发小"。感谢她五年来对我的照顾和帮助，虽然我们以后分离两地，但我相信距离不能阻断我们之间的亲密友谊！感谢我的同门陈璐，相伴三载，我们互相学习互相帮助。感谢我的好朋友韩敏、张志宏、邓庆平！英语课上我们相识，随后成为无话不谈、形影难离的好朋友，还组成了亲密的"四人帮"。我们一起学习，一起玩乐，跟你们在一起的这几年是我学生生涯中最快乐的日子，希望我们的友谊长存！

深深感谢我的父母和哥嫂，感谢他们为我提供了一个幸福的港湾，使我能健康快乐地成长！感谢他们无论多困难都一直支持我、鼓励我！如果没有多年来他们对我的关爱和支持，我不会坚持到今天……亲恩如天，必当酬报！

最后，感谢我的爱人刘金山，我们志趣相投，心意相通，亲密无间，他对我无限包容和怜爱，关心照顾着我生活中的点点滴滴，让我深感幸福快乐！愿圣经中"爱的箴言"成为我们婚姻的盟誓："爱是恒久忍耐，又有恩慈，……爱是永不止息！"

2011/5/8

于宜园三楼